¡LÓGICO!

curso básico de la lengua española

Yusuke Goto

Editorial Dogakusha

表紙・本文イラスト： 作山 綾
表紙デザイン： アップルボックス

は じ め に

　スペイン語は，スペインは言うに及ばず，ラテンアメリカと呼ばれる国々の多くで話されています．また，ラテンアメリカからの移民の増加により，米国（アメリカ合州国）内でも私たちの想像を超えて使われています．公用語国の人口は現在 4 億人を超え，国連でも公用語のひとつとされているスペイン語は，世界でも注目すべき言語のひとつです．本書は，このスペイン語の基礎を一通り身につけることを目標にしています．

　スペイン語はしばしば「陽気」で「おおらか」（いいかげん？）といったイメージと結びつけられがちですが，そうした感覚的な印象とは裏腹に，そのしくみ（文法）は「緻密」できわめて「体系的」です．「習うより慣れろ」といったアプローチももちろん大切ですが，論理的な裏付けがあるに越したことはありません．ましてや大学生の皆さんはもう「いい大人」です．筋道立てて学べるその能力を生かすべきです．その意味も込めて，本書のタイトルは「ロヒコ！」（¡*Lógico!* ［論理的な］）にしました．

　言語は言語「のみ」で完結するものではありません．言語の先には，その言語を話す人々がいて，その人々が築く社会・文化があります．多くの国からなるスペイン語圏は，当然ながらその社会・文化においてきわめて多様であり，一国の事情を説明して事足りるものではありません．したがって本書は，スペイン語の表現も特定の国を「標準」とせず，なるべく多くの国に関連する語句をちりばめ，あえて「多国籍的」にしてみました．それぞれの関心にしたがい，スペイン語を通じて，そしてスペイン語を越えて，スペイン語圏への興味を深めてもらえることを願います．

　最後に，新しい外国語を学ぶということは，手順としては，中学校ではじめて英語を学び始めたときのように，ある程度は「ありきたり」な例文を積み上げていく作業にならざるをえません．このことが，「いい大人」である大学生にとってはどこか「物足りない」と思われるでしょう．本書では，そうした大学生のニーズにも応えられるような，かつ，教える側としても大学生ならばぜひ知っておいてほしい，社会知識・文化情報を可能な範囲で織り込んだ例文およびコラムを用意しました．「中学生のように」学びつつ，同時に「大人として」の教養も身につけてもらえるなら，これに勝る喜びはありません．

　本書の刊行にあたって，本文の点検は Silvia Alonso 先生と浜邦彦先生に，音声の吹き込みでは Alonso 先生と Juan Carlos Burgos 先生にご協力いただきました．ここに記して感謝の意を表します．

　2015 年　秋

著 者

この教科書の使い方

・本書は準備課（**Lección Preliminar**）と 16 の本課（**Lección**）とで構成され，基本文法のすべて（接続法過去まで）学習できるようになっています．

・各本課は，「例文」（**Frases de ejemplo**）・「文法」（**Gramática**）・「練習問題」（**Ejercicios**）よりなっています．

・本書で使われる記号の意味は以下のとおり：
　★＝熟語・慣用表現　　◇＝学習上のポイント　　◆＝注意すべき事項
　英＝英語（との比較）　☞＝参照先

・「例文」には，各課の学習内容を反映した短めの用例を示しました。

・「文法」には，必ず覚えなければならない文法事項を網羅すると同時に，さらに知識を深めたい学習者に向けた内容を **STEP UP** として示しました（**STEP UP** は必要に応じて学習してください）．

・「練習問題」には，各課の学習成果を確認するための問題を出題しました（問題のうち **STEP UP** と付されているものは，「文法」で **STEP UP** の項目を学習していない場合は割愛してください）．

・スペイン語の理解およびスペイン語圏への関心を深めてもらうため，「語学コラム」・「地域文化コラム」をところどころに用意しました．学習の合間にぜひ読んでください．

・巻末には，「動詞活用表」を付しました。適宜利用してください．

目　次

はじめに
この教科書の使い方

　　　　　　　　　　　＊　＊　＊

Lección Preliminar 8
　§1 アルファベット　§2 発音　§3 アクセント
　【スペイン語の姓名】【数字・基数 ①：0〜15】
　語学コラム ── そのアクセント記号，打つべし！
　語学コラム ── 日本語話者が苦手な発音，スペイン語話者が苦手な発音
　地域文化コラム ── スペイン語圏は広がるよ，どこまで？

Lección 1 14
　§1 名詞　§2 冠詞　§3 形容詞　§4 hay　§5 接続詞 ① ── y, o
　【前置詞 ①】
　語学コラム ── その単語，大文字で始めるべからず

Lección 2 18
　§1 主格代名詞　§2 ser　§3 疑問詞 ① ── qué, quién, cómo, dónde　§4 基本構文
　§5 指示詞
　【スペイン語圏の人々（国民名）】
　語学コラム ── tú と usted のあいだ
　地域文化コラム ── スペイン語圏の姓のしくみ

Lección 3 22
　§1 estar　§2 所有形容詞　§3 疑問詞 ② ── cuándo, cuál　§4 曜日・日付表現
　【曜日名】【月名】【数字・序数：1〜10】
　語学コラム ── セニョール，セニョリータの使用上の注意
　語学コラム ── 所有形容詞の「落とし穴」

Lección 4 26
　§1 動詞／基本　§2 動詞／直説法現在／規則活用　§3 命令表現 ① ── 命令法（初歩）
　§4 接続詞 ② ── que, porque　§5 副詞 -mente

Lección 5 30
　§1 動詞／直説法現在／不規則活用①──語根母音変化　§2 動詞原形の用法①──名詞的用法
　§3 時刻表現　§4 縮小辞・増大辞
　【数字・基数 ②：16〜99】
　語学コラム──どうやって調べる？動詞の活用
　語学コラム──「明日」はどっちだ？

Lección 6 34
　§1 動詞／直説法現在／不規則活用② 1人称単数のみ不規則　§2 人の前に付く前置詞 a
　§3 目的格代名詞　§4 天候表現　§5 動詞 hacer のさまざまな用法
　【前置詞 ②】【四季】

Lección 7 38
　§1 動詞／直説法現在／不規則活用③──ミックス型
　§2 動詞／直説法現在／不規則活用④──完全不規則　§3 前置詞格代名詞
　§4 gustar 型動詞　§5 疑問詞③──cuánto, por qué
　地域文化コラム──スペイン語圏の食①

Lección 8 42
　§1 再帰代名詞　§2 再帰動詞　§3 無人称文　§4 不定語・否定語
　§5 動詞原形の用法②──形容詞的・副詞的用法
　【身体の部位】
　地域文化コラム──スペイン語圏の食②

Lección 9 46
　§1 関係代名詞　§2 比較構文　§3 感嘆文　§4 接続詞③──aunque, cuando, si
　地域文化コラム──スペイン語圏の世界遺産①

Lección 10 50
　§1 過去分詞　§2 受身（受動態）　§3 直説法現在完了　§4 現在分詞とその用法
　語学コラム──分詞の領分

Lección 11 54
　§1 動詞／直説法点過去　§2 動詞／直説法点過去／不規則活用　§3 知覚動詞
　【数字・基数 ③：100〜1,000,000】

Lección 12 58
　§1 動詞／直説法線過去　§2 直説法過去完了　§3 関係形容詞　§4 関係副詞
　地域文化コラム ── プエルトリコをご存じですか？
　地域文化コラム ── スペイン語圏の世界遺産 ②

Lección 13 62
　§1 動詞／直説法未来　§2 直説法未来完了　§3 動詞／直説法過去未来
　§4 直説法過去未来完了

Lección 14 66
　§1 動詞／接続法現在／規則活用　§2 動詞／接続法現在／不規則活用
　§3 接続法の用法　§4 接続法現在完了

Lección 15 72
　§1 命令表現 ②── 肯定命令　§2 命令表現 ③── 否定命令
　§3 命令表現と目的格代名詞の位置
　地域文化コラム ── スペイン語圏の映画を観よう ①

Lección 16 76
　§1 動詞／接続法過去／規則活用　§2 動詞／接続法過去／「不規則的」活用
　§3 接続法過去の用法　§4 接続法過去完了　§5 条件文
　地域文化コラム ── スペイン語圏の映画を観よう ②

Lección Preliminar

 **Frases de ejemplo**

—¡Hola, María!
—¡Hola, José! ¿Qué tal?

—Mucho gusto.
—Encantado (Encantada).

Buenos días.
Buenas tardes.
Buenas noches.

—Gracias.
—De nada.

¡Hasta luego!
¡Hasta mañana!
¡Adiós!

【スペイン語の姓名】

1) 名：(男) Antonio   Carlos   Francisco (Paco)   Guillermo   Jorge
       José (Pepe)   Juan   Luis (Lucho)   Miguel   Pedro
   (女) Ana   Carmen   Dolores   Isabel   Juana   Laura   María
       Marta   Pilar   Teresa
2) 姓：Díaz   García   Gómez   González   Fernández   López   Martínez
       Pérez   Rodríguez   Sánchez

§1　アルファベット

1．文字（27文字）

小文字	大文字	読み方	小文字	大文字	読み方
a	A	ア	n	N	エネ
b	B	ベ	ñ	Ñ	エニェ
c	C	セ	o	O	オ
(ch)	(Ch)	(チェ)	p	P	ペ
d	D	デ	q	Q	ク
e	E	エ	r	R	エレ
f	F	エフェ	(rr)	—	(エレ)
g	G	ヘ	s	S	エセ
h	H	アチェ	t	T	テ
i	I	イ	u	U	ウ
j	J	ホタ	v	V	ウベ
k	K	カ	w	W	ウベ・ドブレ
l	L	エレ	x	X	エキス
(ll)	(Ll)	(エリェ〜エジェ)	y	Y	ジェ（イ・グリエガ）
m	M	エメ	z	Z	セタ

（1）yの読み方は，2010年に従来の「イ・グリエガ」から「ジェ」に変更された．

（2）ch・ll・rrの複文字は，以前は一文字扱いのアルファベットとされていた（現在も発音上の単位として重要）．

2．特殊記号

´（アクセント記号）	á é í ó ú
˜（波形記号）	ñ
¨（分音符）	ü
¿（逆立ちの疑問符）	¿〜?
¡（逆立ちの感嘆符）	¡〜!

◇それぞれのデジタル端末（Windows，Mac，タブレット，スマートフォン等）でどう入力するのか，調べてみよう．

§2 発音

1. 母音

【母音】	強母音	a ア	e エ		o オ	
	弱母音			i イ		u ウ

（1）u は日本語と比べて深く（唇をすぼめて）発音する．

（2）「強母音」・「弱母音」の区別は，アクセントのルールの前提として，単語を正確に音節に区切るために必要な知識．（☞ §3）

2. 子音

【子音】	発音記号	読み方	(a)	(e)	(i)	(o)	(u)	(その他)
b ベ	[b]	バ行音（＝v）	barato	beber	bien	bonito	bueno	
c セ	[k]	カ行音	café	───	───	cosa	cuarto	diccionario（子音後続）
	[θ/s]	サ行音（＝z）	───	cena	cine	───	───	
ch (チェ)	[tʃ]	チャ行音	muchacha	noche	chico	mucho	churro	
d デ	[d]	ダ行音	dato	dedo	día	don	ducha	
	[-]	無音	───	───	───	───	───	usted（語末）
f エフェ	[f]	ファ行音	familia	feliz	fiesta	foto	fútbol	
g ヘ	[g]	ガ行音	gato	guerra	guía	algo	gusto	gracias（子音後続）
		グェ・グィ音	───	bilingüe	pingüino	───	───	
	[x]	ハ行喉擦音	───	gente	gigante	───	───	
h アチェ	[-]	無音	hambre	hermano	hijo	hola	huevo	
j ホタ	[x]	ハ行喉擦音	japonés	Jesús	jinete	joven	juego	reloj（語末）
k カ	[k]	カ行音（おもに外来語）	karate	kendo	kilo	koala	haiku	
l エレ	[l]	ラ行音（≒英語のl）	lápiz	leche	libro	pelo	luna	
ll (エリェ～エジェ)	[ʎ]	リャ～ジャ行音	llamar	calle	allí	millón	lluvia	
m エメ	[m]	マ行音	mano	mesa	minuto	monte	museo	
n エネ	[n]	ナ行音・ン	nada	negro	nivel	nombre	número	canto（子音後続），en（語末）
ñ エニェ	[ɲ]	ニャ行音	España	compañero	reñir	año	pañuelo	
p ペ	[p]	パ行音	pan	pez	piso	poco	pueblo	
q ク	[k]	ケ・キ音	───	queso	quién	───	───	
r エレ	[r]	ラ行音（≒日本語のr）	cara	directo	primo	pero	cruz	norte（子音後続），flor（語末）
	[R]	ラ行巻き舌音（語頭）	radio	revista	rico	rojo	ruso	alrededor, Enrique, Israel
rr (エレ)		ラ行巻き舌音	guitarra	torre	arriba	perro	arruga	
s エセ	[s]	サ行音	sala	semana	silla	sol	sur	
t テ	[t]	タ行音	tango	tema	tío	todo	tú	
v ウベ	[b]	バ行音（＝b）	vaca	vez	vida	voz	vuelo	
w ウベドブレ	[w]	ワ行音（おもに外来語）	Washington	web	kiwi	───	───	
x エキス	[ks]	クス音	examen	───	taxi	───	───	
	[x]	ハ行喉擦音（★まれ）	Texas	───	México	───	───	
y ジェ	[y/i]	ヤ～ジャ行音・イ	ya	ayer	yip	yo	ayuda	muy（語末），y（単独）
z セタ	[θ/s]	サ行音	zapato	zen	zigzag	zorro	azul	

3. 注意すべき音列とつづり

	発音記号	発音	(a)	(e)	(i)	(o)	(u)	備考
c/q/z	[k]	カ行音	ca	que	qui	co	cu	ce/ci は ze/zi に優先：vez → veces
	[θ/s]	サ行音	za	ce (ze)	ci (zi)	zo	zu	
g/j	[g]	ガ行音	ga	gue（ゲ）	gui（ギ）	go	gu	
		グェ・グィ音		güe（グェ）	güi（グィ）			
	[x]	ハ行喉擦音	ja	ge/je	gi/ji	jo	ju	ge/gi と je/ji は対等：gigante, jinete

§3 アクセント

1. アクセントの位置（語尾で判断）
    (1) 母音または -n, -s で終わる場合→後ろから2番目の音節
        casa → **ca**/sa   joven → **jo**/ven   lunes → **lu**/nes
    (2) 子音（-n, -s 以外）で終わる場合→最後の音節
        animal → a/ni/**mal**   mujer → mu/**jer**   salud → sa/**lud**
    (3) (1)・(2)の例外→不規則なアクセントのある音節にアクセント記号（´）を付ける．
        café → ca/**fé**   lápiz → **lá**/piz   salón → sa/**lón**
    ◇ アクセント記号は，同音異義語の区別のためにも使われる．
        el/él   que/qué   si/sí   te/té

2. 音節
    (1) 言語の音声上の単位．アクセントのルールを正しく運用するためには，単語を「正しく音節で区切る」必要がある．
    (2) 音節の最小単位は，「母音ひとつ」か「子音ひとつと母音ひとつ」（アクセントは必ず母音の上にかかるので，母音のない音節［＝子音だけ音節］はありえない）

3. 音節の区切り方（母＝母音，子＝子音）
    (1) …母母…→…母／母…
        aéreo → a/**é**/re/o   idea → i/**de**/a   oasis → o/**a**/sis
    (2) …母子母…→…母／子母…
        año → **a**/ño   examen → e/**xa**/men   semana → se/**ma**/na
    (3) …母子子母…→…母子／子母…
        alma → **al**/ma   domingo → do/**min**/go   español → es/pa/**ñol**
    (4) …母子子子母…→…母子子／子母…
        instituto → ins/ti/**tu**/to   obstáculo → obs/**tá**/cu/lo

4. 音節に区切ってはいけない組み合わせ（＝ 3. の例外）
   （1）二重母音（＝ 1 母音扱い）：強母音＋弱母音／弱母音＋強母音／弱母音＋弱母音
       aire → **ai**/re（× a/**i**/re）　　radio → **ra**/dio（× ra/**di**/o）
   （2）三重母音（＝ 1 母音扱い）：弱母音＋強母音＋弱母音
       estudiáis → es/tu/**diáis**　　Paraguay → Pa/ra/**guay**（y は語末で i に相当）
       ◇二重母音または三重母音のある音節にアクセントがある場合は，強母音が強く読まれる．
   STEP UP　　弱母音＋弱母音の二重母音にアクセントがある場合，後ろの弱母音が強く読まれる．
   ruido → r**ui**/do　　veintiuno → vein/t**iu**/no
   （3）二重子音（＝一子音扱い）— b/c/f/g/p ＋ l/r, d/t ＋ r（12 通り）
       hombre → **hom**/bre（× homb/re）　　padre → **pa**/dre（× pad/re）
       instrumento → ins/tru/**men**/to（× inst/ru/men/to）　　monstruo → **mons**/truo（× monst/ruo）
   （4）その他（複文字，接頭辞など）
       mucho → **mu**/cho（× muc/ho）　　toalla → to/**a**/lla（× to/al/la）
       churro → **chu**/rro（× chur/ro）　　desagradable → des/a/gra/**da**/ble（ただし，de/sa/gra/da/ble も可）

【数字・基礎①：0 〜 15】
cero (0), uno (1), dos (2), tres (3), cuatro (4), cinco (5), seis (6), siete (7), ocho (8), nueve (9), diez (10), once (11), doce (12), trece (13), catorce (14), quince (15)

語学コラム —— そのアクセント記号，打つべし！
　アクセント記号ほか，スペイン語独自の記号は，英語にはなくてもスペイン語にとってはとても重要で，必要があって付いているものです．けっしてないがしろにしてはいけません．たとえば，スペインの国名は España であって Espana でないのは，日本語の「犬」が「大」・「太」ではけっしてないのと同じことです．アクセント記号は，アクセントが不規則な場合にその位置を示すもので，そのことによりスペイン語のアクセントのルールを完璧にするものです．必要なアクセント記号は正確に付けられるようにしましょう．

Ejercicios

以下のスペイン語を公用語とする国々（20 カ国）と首都名を，音節に区切ってアクセントの位置を確認し，実際に発音しなさい．同時に，見返しの地図を見ながら国の位置を覚えましょう．

Argentina／Buenos Aires
Chile／Santiago
Costa Rica／San José
Ecuador／Quito
España／Madrid
Guinea Ecuatorial／Malabo
México／México, D.F.
Panamá／Panamá
Perú／Lima
Uruguay／Montevideo

Bolivia／La Paz
Colombia／Bogotá
Cuba／La Habana
El Salvador／San Salvador
Honduras／Tegucigalpa
Guatemala／Guatemala
Nicaragua／Managua
Paraguay／Asunción
República Dominicana／Santo Domingo
Venezuela／Caracas

語学コラム ── 日本語話者が苦手な発音，スペイン語話者が苦手な発音

　スペイン語の発音は日本語話者にとっては比較的やさしく感じられると思いますが，それでも g, j の独特な音出し，l, r の区別，そして何と言っても，巻き舌で苦労している人も多いのではないでしょうか．巻き舌はどうしたらできるようになるのか．個人差はありますが，dr または tr を連続して発話する（ドゥルドゥル…，トゥルトゥル…）のが効果があります．

　一方で，スペイン語話者にとってむずかしい日本語の発音だってあります．たとえば，bya, byu, byo, kya, kyu, kyo などの音列がそうです．スペイン語話者にはそれぞれ，bia, biu, bio, kia, kiu, kio としか聞こえないようです．たとえば，彼らには「病院」と「美容院」の区別が容易につきません．また，東京が Tokio, 京都が Kioto とスペイン語で綴られるのはこのためです．

地域文化コラム ── スペイン語圏は広がるよ，どこまで？

　スペイン語は 20 カ国で公用語として使用され，話者人口は約 4 億人と推定されていますが，実際にはもっともっと多くの人がスペイン語を話しています．スペイン語教育・振興のためのセンターである Instituto Cervantes（セルバンテス文化センター）によれば，非公用語話者も含めると，2013 年時点でスペイン語人口は 5 億人を超えます．プラス 1 億人のほとんどは米国内のヒスパニック（ラテンアメリカからの移民系）で，さらに驚くべきことには，2050 年には米国がもっともスペイン語話者人口の多い国になる（！）と予想されています．つまり，現在もすでにそうですが，もしあなたが米国に行く機会があるなら，今後はなお一層，英語に加えてスペイン語もできることが望ましいのです．

Lección 1

Frases de ejemplo

—Un café, por favor.
—¿Un café solo, cortado o con leche?
—Un café con leche, por favor.
—Muy bien. En seguida.

Hay un hotel grande al lado de la estación.
Hay una casa blanca cerca del parque.

★ al lado de   ★ cerca de (⟵ lejos de)   ★ en seguida   ★ por favor

Gramática

§1 名　詞
1．名詞の性
（1）「自然」性

| 男性 | hombre | actor | toro | gato |
| 女性 | mujer | actriz | vaca | gata |

（2）「形式」性（語尾で判断）

男性：-o	libro	colegio	humano	niño
女性：-a	revista	academia	persona	niña
女性：(100%確実) -c[s/t]ión, -dad, -tad, -tud	nación ocasión cuestión	universidad	libertad	juventud

　　◇「形式」性の例外
　　　（-o で終わる女性名詞）foto mano moto radio
　　　（-a で終わる男性名詞）día idioma mapa tema
　　　（男女同形）atleta estudiante modelo pianista

◆ 実際には，語尾によって男女の区別が必ずしもつかない名詞が多数存在する．定冠詞（☞ §2）を名詞につけて発話するなど，暗記には地道な努力が必要．

2．名詞の数（複数形の作り方）
　（1）語尾が母音の場合→＋-s　　gracia → gracias　　libro → libros
　（2）語尾が子音の場合→＋-es　　hotel → hoteles　（英 *hotels*）　ciudad → ciudades
　（3）複数形の例外・変則
　　　a）単複同形　crisis　oasis　cumpleaños　paraguas
　　　b）アクセント記号の消失・付加　nación → naciones　examen → exámenes
　　　c）つづりの変更　vez →（vezes）→ veces　（☞準備課 §2）

§2　冠　詞
1．定冠詞（英 *the*）

	単数	複数
男性	**el** hotel	**los** hoteles
女性	**la** flor	**las** flores

2．不定冠詞（英 *a[an], some/any*）

	単数	複数
男性	**un** hotel	**unos** hoteles
女性	**una** flor	**unas** flores

中性 = **lo**（☞§3）

（用法）
（1）特定・限定　el libro　el español
（2）唯一・一般　el sol　los hombres

STEP UP　アクセントのある a（または ha）で始まる女性単数名詞は，女性にもかかわらず定冠詞は男性単数の el となる．el aula（*cf.* las aulas）　el hacha

§3　形容詞
1．形容詞の性数変化 ── 名詞の性数に一致させる
（1）語尾が -o の場合→性数変化（複数形は＋-s）

	単数	複数
男性	libro blanc**o**	libros blanc**os**
女性	casa blanc**a**	casas blanc**as**

（2）語尾が -o 以外の場合→数変化のみ

a）母音の場合（複数形は＋-s）

	単数	複数
男性	libro verde	libros verde**s**
女性	casa verde	casas verde**s**

b）子音の場合（複数形は＋-es）

	単数	複数
男性	libro azul	libros azul**es**
女性	casa azul	casas azul**es**

（3）子音で終わる国籍形容詞等の場合（（2）b）の例外）→性数変化（女性形は＋-a）

	単数	複数
男性	chico español	chicos español**es**
女性	chica español**a**	chicas español**as**

	単数	複数
男性	chico trabajador	chicos trabajador**es**
女性	chica trabajador**a**	chicas trabajador**as**

◇ 国籍形容詞は，そのまま国籍名詞になる．男性単数形は言語名にもなる．
　　　el italiano（ひとりのイタリア人男性／イタリア語）　　la japonesa
　　　los españoles　　　　　　　　　　　　　　　　　las nicaragüenses

2. 形容詞の位置
（1）基本的に名詞に「後置」される（英では「前置」）
　　　◇「後置」と「前置」で意味が変わる形容詞　gente pobre／pobre gente
　　　hombre grande／gran hombre (grand~~e~~ ＋単数名詞)
（2）以下の特殊な形容詞は例外的に「前置」される
　　a）冠詞（☞§2），「指示形容詞」（☞2課§4）・「所有形容詞（前置形）」（☞3課§2）など．
　　b）　mucho　　Muchas gracias.　　bueno　　Buenos días.
　　　　 poco　　 poco tiempo　　　　malo　　 mala suerte
　　　◇ buen~~o~~／mal~~o~~ ＋男性単数名詞　¡Buen viaje!　mal humor
（3）形容詞の抽象名詞化
　　　定冠詞 lo（中性）＋形容詞　lo bueno　lo gracioso

§4　hay
（1）haber の3人称単数の特殊な形（☞7課§2）
（2）存在（不特定の主語）：hay ＋主語（単数・複数）（英 *There is/are* ～.）
　　　Hay un libro sobre la mesa.　　Hay unos gatos en el jardín.

§5　接続詞①── y, o
（1）y（英 *and*）　Hay un gato **y** dos gatas.
　　　◇ y → e（＋i または hi で始まる単語）　Hay muchos españoles **e** italianos.
（2）o（英 *or*）　Hay dos **o** tres perros.
　　　◇ o → u（＋o または ho で始まる単語）　Hay siete **u** ocho hoteles.

【前置詞①】

a（英 *to, at*）　con（英 *with*）　de（英 *of, from*）　en（英 *in, on*）　para（英 *for*）
por（英 *around, because of*）　sin（英 *without*）　sobre（英 *above, on*）
★ al（← a ＋ el）　★ del（← de ＋ el）

Ejercicios 1

1. 1.〜5. の名詞には適切な定冠詞を，6.〜10. には不定冠詞を付けなさい．また，それぞれを複数形にしなさい．
   1. toro   2. revista   3. hombre   4. verdad   5. **STEP UP** agua
   6. canción   7. mapa   8. mesa   9. jardín   10. flor

2. 次の形容詞を適切な形にしなさい．各文を和訳しなさい．
   1. Un perro （　　　　　[caliente]）, por favor.
   2. Hay unos gatos （　　　　[negro]）en la casa.
   3. Hay una chica （　　　　[francés]）aquí.
   4. Hay muchas universidades （　　　　[grande]）en Japón.
   5. Hay unos libros （　　　　[azul]）sobre la mesa.

3. スペイン語に訳しなさい．
   1. レモンティー（té con limón）を一杯お願いします．
   2. クラスにはスペイン人の女の子がひとりいる．
   3. 駅の近くに白い家がいくつかある．
   4. 大学にはたくさんの韓国人の（coreano）学生がいる．

語学コラム ── その単語，大文字で始めるべからず

　スペイン語では，言語名も含め，国籍名詞（または形容詞）が大文字で始まっていないことにお気づきでしょうか．たとえば，「スペイン語・スペイン人（男性）」は el español であって，文頭でないかぎり大文字にする必要はありません．しかし，国籍名詞は大文字で始めるとした英語のルールの影響でしょう，無意識に "el Español" と書いてしまう人がいます．それはそれで「英語がよく身についている」と喜ぶべきですが，他方で，「英語の常識，スペイン語の非常識」の場合もあるということを知りましょう．英語には例外的に大文字開始とする一定の名詞群がありますが，スペイン語では原則としてわざわざ大文字で書き始めることはしないのです．（曜日名・月名も同様（☞3課））

Lección 2

Frases de ejemplo

Yo soy Pedro González Díaz. Soy chileno. Soy atleta.

―¿Son Uds. argentinos?
―No, no somos argentinos. Somos uruguayos.

―¿Quién es ella?
―Es Laura. Es colombiana. Es muy guapa, ¿verdad?

―¿De dónde eres?
―Soy de Madrid. ¿Y tú?
―Soy de Kioto. Es una ciudad bonita.

―¿Qué es esto?
―Es una comida japonesa.

スペイン語圏の人々（国民名） (☞準備課 Ejercicios)

argentino   boliviano   chileno   colombiano   costarricense   cubano   dominicano
ecuatoriano   español   hondureño   guineano   guatemalteco   mexicano
nicaragüense   panameño   paraguayo   peruano   salvadoreño   uruguayo
venezolano

語学コラム ―― tú と usted のあいだ

　英語ならば2人称は you 一語で済むところ，スペイン語では tú と usted（および，それぞれの複数である vosotros (-as), ustedes）があって，最初は煩わしく感じられるでしょう．tú と usted の区別は，ずばり，「心理的距離」に尽きます．親子がいい例ですが，心理的距離が近いため年齢差とは関係なくお互い tú で呼び合います．逆に，店頭や窓口等で型どおりのやりとりしかしない間柄であれば，これも年齢差とは関係なく，たとえば年長者から年少者に向けても usted と呼びます（年長者には usted を，ということではないのです）．
　また，tú と usted の区別は不変ではありません．恋人や夫婦同士でも，喧嘩をすると，それまで tú で呼び合っていたのが突然 usted に切り替わったりします．「心理的距離」が一時的に離れるからです．日本語でも喧嘩のとき，「だいたいあなたは！」と言われるとよそよそしくなった感じがしますね．それと同じことです．

Gramática

§1 主格代名詞

	単数		複数	
Ⅰ（1人称）	yo（男／女）	私は	nosotros（男） nosotras（女）	私たちは
Ⅱ（2人称）	tú（男／女）	君は	vosotros（男） vosotras（女）	君たちは
Ⅲ（3人称）	usted（男／女） él（男） ella（女）	あなたは 彼（それ）は 彼女（それ）は	ustedes（男／女） ellos（男） ellas（女）	あなたがたは 彼ら（それら）は 彼女ら（それら）は

（1）tú・vosotros(-as) は親しい間柄で，usted（略 Ud./Vd.）・ustedes（略 Uds./Vds.）は初対面のときや形式的な付き合いの相手に使用する．
（2）ラテンアメリカ諸国では vosotros(-as) は基本的に使われない．ustedes で代用する．（ustedes が「君たちは」の意味でも使われる）
（3）動詞の活用により明確な場合，主格代名詞はしばしば省略される．

§2 ser（英 be）

1．活用（直説法現在）

	単数		複数	
Ⅰ	yo	**soy**	nosotros(-as)	**somos**
Ⅱ	tú	**eres**	vosotros(-as)	**sois**
Ⅲ	usted (Ud./Vd.) él/ella	**es**	ustedes (Uds./Vds.) ellos/ellas	**son**

2．用法（基本：不変）

（1）属性（同一性，身分）
　　　Soy Luis.　　Eres española.　　Él es estudiante.
　　　◇ser de 〜：（出身）Somos de México.（所属）Soy de la Universidad de Lima.
　　　　　　　（所有）El libro es de Juan.（材料）La mesa es de madera.
（2）性格・特徴
　　　Sois simpáticos.　　La comida es rica.

§3 疑問詞 ① — qué, quién, cómo, dónde

（1）qué （英 *what*）　　¿Qué tal? — Muy bien.　　¿Qué hay en la mesa?
（2）quién （英 *who*）　　¿Quién es? — Soy yo.
（3）cómo （英 *how*）　　¿Cómo es María? — Es muy simpática.
（4）dónde （英 *where*）　　¿De dónde es usted?

§4 基本構文
1. 平叙文：主語＋動詞．／動詞＋主語．
   Yo soy（Soy）estudiante．　Isabel es muy amable. ＝ Muy amable es Isabel.

2. 否定文：主語＋no＋動詞．
   Yo no soy（No soy）estudiante.

3. 疑問文（¿～?）
   （1）疑問詞のない疑問文と答え方：¿動詞＋主語？／¿主語＋動詞？
   ¿Es Ud. (Ud. es) estudiante? — Sí, soy estudiante./No, no soy estudiante.
   ◆スペイン語の no ＝英 *no/not*
   （2）疑問詞のある疑問文と答え方：¿疑問詞＋動詞＋主語？
   ¿Quién es ella? — Ella es Juana.
   （3）付加疑問文：～ , ¿verdad (no)?　　Ella es muy simpática, ¿verdad (no)?

§5 指示詞
1. 指示形容詞

この／これらの

	単数	複数
男性	este	estos
女性	esta	estas

その／それらの

	単数	複数
男性	ese	esos
女性	esa	esas

あの／あれらの

	単数	複数
男性	aquel	aquellos
女性	aquella	aquellas

◇名詞に「前置」され，名詞の性数に合わせて変化する．
este libro　esta revista　ese hombre　esa mujer　aquel toro　aquella vaca

2. 指示代名詞

これ／これら

	単数	複数
男性	este (éste)	estos (éstos)
女性	esta (ésta)	estas (éstas)
中性	esto	

それ／それら

	単数	複数
男性	ese (ése)	esos (ésos)
女性	esa (ésa)	esas (ésas)
中性	eso	

あれ／あれら

	単数	複数
男性	aquel (aquél)	aquellos (aquéllos)
女性	aquella (aquélla)	aquellas (aquéllas)
中性	aquello	

◇現在は指示形容詞と同じだが，2010年まではアクセント記号を付けて区別していた．
Este (Éste) es un libro.　Esas (Ésas) son unas revistas.　Aquel (Aquél) es un toro.
◇中性の指示代名詞は，名詞の性別が不明な場合，または，ある一文・一節や抽象的な内容の全体を受ける場合に用いられる．
¿Qué es esto? — Es un juguete.　Eso es muy interesante.

Ejercicios 2

1. （　　）に ser 動詞を適切な形にして入れなさい．各文を和訳しなさい．
   1. Ellos（　　　　）bolivianos.
   2. Vosotros（　　　　）hermanos.
   3. ¿（　　　　）Ud. médico?
   4. Tú y yo（　　　　）estudiantes de la universidad.
   5. Ella（　　　　）muy simpática.

2. 指示に従って（　　）に適切な指示形容詞または代名詞を入れなさい．各文を和訳しなさい．
   1. （　　　　［これは］）es una revista.
   2. （　　　　［これらの］）libros son interesantes.
   3. （　　　　［その］）cuestión política es muy importante.
   4. （　　　　［あれらの］）chicas son hermanas.
   5. （　　　　［あの］）restaurante es caro.

3. スペイン語に訳しなさい．
   1. 僕はホセ・フェルナンデス・ゴメスです．
   2. 彼女たちはとても陽気（alegre）です．
   3. 彼らはメキシコの出身です．
   4. それらのいす（silla）は木（madera）でできている．
   5. あれは何ですか？

地域文化コラム —— スペイン語圏の姓のしくみ

　日本では一家の姓が「同じ」なのは当たり前ですが，スペイン語圏ではその逆に，夫婦・親子でも姓は異なります．

　まず大前提として，スペイン語圏では各々がふたつの姓を持っています．これらは出生時に父母の双方から受け継ぎます．もっとも，父母もふたつの姓を持っていますので，具体的には，①「父の父方の姓」＋②「母の父方の姓」を，必ずこの順で受け継ぎます．たとえば，父（姓：A＋B）と母（姓：C＋D）の間に生まれた子の姓は，A＋Cになります．その子がE＋Fの姓の相手と結婚し子をもうけると，その子の姓はA＋Eになります．ちなみに，各々の姓は生涯変わることがありません．つまり，日本のように婚姻時にどちらかが自分の姓を捨てる必要がないのです．一見非常に公平なシステムにも見えますが，世代を経て母方の姓が確実に失われてしまうという問題がないわけではありません．

　このように，スペイン語圏では夫婦・親子の姓はむしろ「異なる」のが当たり前です．日本で夫婦別姓制度が議論されるとき，「姓がちがうと家族の絆が薄れる」という反対意見をよく聞きますが，スペイン語圏を見るかぎり，姓の同一と家族の絆は無関係のように思えます．

Lección 3

Frases de ejemplo

—Buenos días, señor López. ¿Cómo está usted?
—Muy bien, gracias. ¿Y usted?

—¿Cómo estás?
—Estoy un poco cansada.

—¿Cómo está Antonio?
—Está de viaje en Miami.

Mi padre está en la oficina.
Los señores Sánchez están en casa.

Guinea Ecuatorial está en África.

—¿Dónde están mis cuadernos?
—Estos son míos. Los suyos están sobre la mesa.

—¿Cuál es tu cumpleaños?
—Es el 13 de octubre.

★ un poco

語学コラム── セニョール，セニョリータの使用上の注意

　セニョール，セニョリータ…スペイン語を知らなくても知っていた単語かもしれません．その敬称 señor（略Sr.／男性）/ señora（略Sra.／女性既婚）/ señorita（略Srta.／女性未婚），使用にあたっては若干注意が必要です．まずこれらの敬称は，姓または名＋姓に対して付けられます．たとえば，señor García または señor Juan García は OK ですが，señor Juan とは言いません（名に対してはもうひとつの敬称 don（男性）/ doña（女性）が付けられます．Juan なら don Juan，つまりドンファンです．プレイボーイの代名詞として聞き覚えがあるでしょうか）．

　英語との比較でも注意すべきことがあります．英語で the Mr. García とはけっして言いませんが，スペイン語ではその人物が文のトピック（主語，補語，目的語など）であるとき，定冠詞＋ señor ＋姓とするのが正解です（→ El señor García es mexicano.）．ただし，本人に直接呼びかける場合は，英語と同様無冠詞になります（→ ¡Hola, señor García!．このあたりが少し面倒なところです（ちなみに，don/doña は常に無冠詞です：Don Juan es mexicano.）．

Gramática

§1　estar （英 *be*）

1. 活用（直説法現在）

estar

estoy	estamos
estás	estáis
está	están

2. 用法（基本：可変）

　（1）状態

　　　Estoy ocupado.　Ella está cansada.　Estamos contentos.

　　　◇ estar de ＋名詞：Estoy de vacaciones.

　　　◇ ser とのちがい（☞ 2課 §2）　Eres alegre.／Estás alegre.

　（2）所在・立地（特定の主語）

　　　Estoy aquí.　Estás en casa.　La universidad está cerca de la estación.

　　　◇ hay とのちがい（☞ 1課 §4）　Aquí hay un libro.／El libro está en la mesa.

§2　所有形容詞（　数変化のみ　■性数変化）

1. 前置形

mi (mis)　私の	nuestro (-a/-os/-as)　私たちの
tu (tus)　君の	vuestro (-a/-os/-as)　君たちの
su (sus)　彼の／彼女の／あなたの／それの	su (sus)　彼らの／彼女らの／あなたがたの／それらの

　　◇名詞の前に置かれ，名詞の性数に合わせて変化する.
　　　mi madre　nuestra ciudad　sus libros

2. 後置形

mío (-a/-os/-as)　私の	nuestro (-a/-os/-as)　私たちの
tuyo (-a/-os/-as)　君の	vuestro (-a/-os/-as)　君たちの
suyo (-a/-os/-as)　彼の／彼女の／あなたの／それの	suyo (-a/-os/-as)　彼らの／彼女らの／あなたがたの／それらの

　（1）名詞の後ろに置かれるか，または主語である名詞に対する補語として，名詞の性数に合わせて変化する.　un libro tuyo　Esta casa es nuestra.

　（2）定冠詞＋後置形＝所有代名詞化

　　　Mi libro está aquí y el tuyo está allí.　*cf.* Mi libro está aquí y el de José está allí.

§3 疑問詞 ② ── cuándo, cuál

(1) cuándo (英 *when*)　　¿Cuándo es el examen?
(2) cuál(es) (英 *which*)　　¿Cuáles son tus zapatos?

§4 曜日・日付表現

1．曜日

¿Qué día es hoy? ─ Hoy es lunes.

2．日付

Estamos a primero (dos) de enero.

¿Qué fecha es hoy? ─ Hoy es (el) martes 11 de septiembre.

【曜日名】

el lunes　el martes　el miércoles　el jueves　el viernes　el sábado　el domingo

【月名】

enero　febrero　marzo　abril　mayo　junio　julio　agosto　septiembre
octubre　noviembre　diciembre

【数字・序数：1～10】（形容詞としては性数変化あり）

primero (1º), segundo (2º), tercero (3º), cuarto (4º), quinto (5º), sexto (6º),
séptimo (7º), octavo (8º), noveno (9º), décimo(10º)　★ primer/tercer ＋男性単数名詞

語学コラム ── 所有形容詞の「落とし穴」

　所有形容詞には間違いやすい「落とし穴」があります．所有形容詞も形容詞のひとつですから，もちろん修飾する「名詞の性数」に応じて変化します．つまり，所有形容詞が反映するのは名詞の側の男女別・単複別なのですが，所有形容詞には「所有者の性数」があるので，ついついそちらから影響を受けてしまうことがあります．たとえば，「彼女たちの本（一冊）」の場合，本は単数なので正解は su libro ですが，所有者の「彼女たち」が複数であることに引きずられて，"sus" libro としがちです．また，「ぼくたちの雑誌」の場合，雑誌は女性名詞なので nuestra revista が正解なのですが，「ぼくたちなので nuestro になるのではありませんか？」と勘違いをしてしまうわけです．繰り返しますが，所有形容詞の変化はあくまでも修飾する名詞の性数によります．お間違えなく！

Ejercicios 3

1. (　　) に estar 動詞を適切な形にして入れなさい．各文を和訳しなさい．
   1. Vosotros (　　　　) muy cansados.
   2. Nosotros (　　　　) en la biblioteca.
   3. La catedral (　　　　) en la plaza.
   4. ¿Cómo (　　　　) tú? —(　　　　) un poco ocupada.
   5. Todos los baños (　　　　) ocupados.

2. (　　) に ser 動詞, estar 動詞の適切な形か，または hay を入れなさい．各文を和訳しなさい．
   1. ¿Dónde (　　　　) mi lápiz?
   2. Ana no (　　　　) cansada.
   3. ¿De dónde (　　　　) usted? —(　　　　) de Ecuador.
   4. Cerca del hotel (　　　　) una estación.
   5. ¿De quién (　　　　) este libro? —(　　　　) de Marta.

3. スペイン語に訳しなさい．
   1. 君はいま (ahora) どこにいるの？— 大学にいるよ．
   2. 今日は何曜日ですか？— 水曜日です．
   3. 今日は3月11日です．
   4. 彼らの鳥 (pájaro) はカゴ (jaula) のなかにいる．
   5. 君（女性）はとてもはしゃいでいるね．[付加疑問文で]

Lección 4

 **Frases de ejemplo**

—¿Hablas español?
—Sí, hablo un poco.

—¿Cuándo trabajan ustedes?
—Normalmente trabajamos de lunes a viernes.

A veces leo esta revista.

—Creo que comes demasiado.
—Porque esta comida es muy rica.

—¿Qué venden ustedes?
—Vendemos frutas y verduras.

—¿Dónde vive usted?
—Vivo cerca de la universidad.

Canta en voz alta.
¡Aprended español!

★ a veces

Gramática

§1 動詞／基本

1. 法と時制
（1）直説法（基本システム）— 5時制（現在・点過去・線過去・未来・過去未来）
（2）接続法（応用システム）— 2時制（現在・過去）
（3）命令法（限定システム）— tú・vosotros (-as) に対する肯定命令のみ．

2. 動詞原形

§2 動詞／直説法現在

1. 規則活用

［語根］無変化／［語尾］人称に応じて規則的に変化

【-ar 動詞】
hablar

hablo	hablamos
hablas	habláis
habla	hablan

【-er 動詞】
comer

como	comemos
comes	coméis
come	comen

【-ir 動詞】
vivir

vivo	vivimos
vives	vivís
vive	viven

cantar　comprar
enseñar　estudiar
necesitar　tomar
trabajar　viajar
visitar

aprender　beber
creer　deber
leer　vender

abrir　escribir
recibir　subir

STEP UP　つづりと発音の関係上，つづりに一部変則が加わる動詞
enviar: envío, envías, envía, ...envían
construir: construyo, construyes, construye, ...construyen
continuar: continúo, continúas, continúa, ...continúan
vencer: venzo, vences, vence, ...
　◆ estudiar は通常の規則動詞

2. 用法
（1）現在の有り様，習慣的な行為　Hablo inglés.　Comemos mucho.　Ella vive en Tokio.
（2）確実な未来の行為　Mañana visito el museo.

§3　命令表現① ── 命令法

【-ar 動詞】
hablar

【-er 動詞】
comer

【-ir 動詞】
vivir

	単数	複数
II	habla	hablad

	単数	複数
II	come	comed

	単数	複数
II	vive	vivid

Habla (Hablad) español.　Come (Comed) muho.

◇ tú に対する肯定命令の活用は直説法現在／規則活用／3 人称単数と同じ．
　Trabaja mucho.（君は）たくさん働け．／彼はたくさん働く．
　◆ tú に対する不規則な肯定命令や，tú・vosotros 以外への肯定命令および否定命令全般は，接続法とも関係するためのちにあらためて学習する（☞ 15 課）．

§4　接続詞② ── que, porque

（1）que（英 *that*）　Creo que él vive cerca de aquí.
　◆ スペイン語の接続詞は英語のように省略できない（× Creo él vive cerca de aquí.）．
（2）porque（英 *because*）　Trabajo mucho porque necesito el dinero.

§5　副詞 -mente（英 *-ly*）

（1）-o で終わる形容詞：-o → -a + -mente　exacto（→ exacta）→ exactamente
（2）-o 以外で終わる形容詞：-o 以外 + -mente　alegre → alegremente
　　　　　　　　　　　　　　　　　　　　　normal → normalmente
　　◇ 元の形容詞部分のアクセントも引き続き強く読まれる．e/**xac**/ta/**men**/te

Ejercicios 4

1. （　　）の動詞を適切な直説法現在の形にしなさい．各文を和訳しなさい．
   1. Nosotras （　　　　　　[comprar]） en esta tienda.
   2. ¿Qué （　　　　　　[estudiar]） usted? — （　　　　　　[estudiar]） Ciencias Sociales.
   3. ¿Tú （　　　　[creer]） que José （　　　　　　[beber]） demasiado?
   4. Vosotros （　　　　　[deber]） viajar por Asia.
   5. ¿Qué （　　　　　[escribir]） tú? — （　　　　　[escribir]） cartas.
   6. **STEP UP** Ellos （　　　　　[construir]） una casa.

2. （　　）の動詞を適切な命令法の形にしなさい．各文を和訳しなさい．
   1. （　　　　[tomar]） desayuno. ［tú］
   2. （　　　　[leer]） el periódico. ［tú］
   3. （　　　　[abrir]） la ventana, por favor. ［tú］
   4. ¡（　　　　[estudiar]） mucho! ［vosotros］
   5. ¡（　　　　[subir]） la escalera, por favor! ［vosotras］

3. スペイン語に訳しなさい．
   1. ペドロはスペイン語を教えている．
   2. 君はその美術館を訪ねるべきだ．
   3. あなたがたはどこに住んでいますか？ — 東京に住んでいます．
   4. （君）ここで働きなさい．
   5. （君たち）たくさん食べなさい．

Lección 5

Frases de ejemplo

—¿Qué quieres ser en el futuro?
—Pienso trabajar como periodista.

—¿Ustedes pueden vivir sin guerra?
—¡Sí, por supuesto! Podemos vivir en paz. Repito. Podemos vivir en paz.

Normalmente duermo siete horas.

—¿A qué deporte juegas?
—Juego al béisbol.

—¿Qué hora es?
—Son las cinco y diez de la mañana.

—¿A qué hora empieza la película?
—Empieza a las nueve de la noche.

Un momentito, por favor.

★ por supuesto ★ un momento (momentito)

【数字・基数②：16～99】

◇ 16～19（dieci + 1の桁）：dieciséis (16), diecisiete (17), dieciocho (18), diecinueve (19)
◇ 20/21～29（veinti + 1の桁）：**veinte** (20)/ veintiuno (21), veintidós (22), veintitrés (23), … , veintiséis (26), … , veintinueve (29)
◇ 30～99（10の桁 y 1の桁）：**treinta** (30), treinta y uno (31), treinta y dos (32), … , **cuarenta** (40), … , **cincuenta** (50), … , **sesenta** (60), … , **setenta** (70), … , **ochenta** (80), … , **noventa** (90), … , noventa y ocho (98), noventa y nueve (99)

Gramática

§1 動詞／直説法現在／不規則活用 ① ── 語根母音変化

［語根］母音が不規則に変化（ただし，1・2人称複数では変化せず）／［語尾］規則活用に同じ

（1）e → ie 型

【-ar 動詞】　　　　　　　【-er 動詞】　　　　　　　【-ir 動詞】
pensar　　　　　　　　　querer　　　　　　　　　sentir

pienso	pensamos		quiero	queremos		siento	sentimos
piensas	pensáis		quieres	queréis		sientes	sentís
piensa	piensan		quiere	quieren		siente	sienten

cerrar　comenzar　　　　entender　perder　　　　mentir　preferir
empezar

（2）o → ue 型

【-ar 動詞】　　　　　　　【-er 動詞】　　　　　　　【-ir 動詞】
contar　　　　　　　　　poder　　　　　　　　　dormir

cuento	contamos		puedo	podemos		duermo	dormimos
cuentas	contáis		puedes	podéis		duermes	dormís
cuenta	cuentan		puede	pueden		duerme	duermen

costar　encontrar　　　　soler　volver　　　　morir
recordar

◇ u → ue 型（1動詞のみ）

jugar: juego, juegas, juega, jugamos, jugáis, juegan
jugar a + スポーツ名　Jugamos al fútbol.
　　◆ conjugar 等は規則動詞

（3）e → i 型（ir 動詞のみ）

【-ir 動詞】
pedir

pido	pedimos
pides	pedís
pide	piden

repetir　servir

STEP UP　つづりと発音の関係上，つづりにさらに一部変則が加わる動詞．
reír: río, ríes, ríe, reímos, reís, ríen
seguir: sigo, sigues, sigue, seguimos, seguís, siguen

§2 動詞原形の用法 ① ── 名詞的用法

(1) 主語・補語として（3人称単数・男性名詞として扱う）
Pasear es bueno para la salud. Ver es creer.

(2) 目的語として（動詞熟語表現のなかで）
querer + 動詞原形（英 *want to* ～）：¿Quieres viajar por México?
poder + 動詞原形（英 *can* ～）：Podemos esperar.

◆ 動詞原形の原語 infinitivo（英 *infinitive*）は通常「不定詞」と訳されるが，英語の不定詞が常に特定の前置詞（*to*）と組み合わせて使われるのに対してスペイン語では必ずしもそうとは限らないので，英語の用法との混乱を避けるため，本教科書ではあえて「動詞原形」とした．（☞ 8課 §5）

§3 時刻表現

(1) 「何時（hora）ですか？」¿Qué hora es? ─ 「～時です」
［時間のみ：la（las）+ 基数（1～12［24］）］─ Es la una./ Son las dos（～ doce）.
［分まで：y + 無冠詞の基数（1～59）］Son las tres y veinte.
［その他］Son las cuatro y cuarto./ Son las cinco y media./ Son las seis menos diez.

(2) 「何時に～する」¿A qué hora empieza la clase? ─ Empieza a las nueve en punto.

§4 縮小辞・増大辞

(1) 縮小辞：-ito, -illo, -cito（性数変化）
momento → moment**ito**   poco → po**qu**ito   ventana → ventan**illa**
pobre → pobre**cito**

(2) 増大辞：-ón, -ote（性数変化）　nariz → narizón   amigo → amigote

語学コラム ── どうやって調べる？動詞の活用

　この課より本格的に不規則動詞が出てきました．人によっては頭痛がしてきたかもしれません．さて，ある動詞の活用が規則か不規則であるかは，どのように知ることができるのでしょうか．まずは教科書に出てきた動詞を地道に覚えてゆくのが肝心ですが，教科書とは関係なく調べたい場合は，辞書を使って確認することができます．
　辞書見出しで動詞を引くと，不規則活用の場合は，任意の数字が付けられています（数字は辞書によって異なります）．その数字は巻末の「動詞活用表」に対応していて，それぞれの時制でどのような活用パターンかが，一目でわかるようになっています．これを機会に辞書に親しむようにしましょう（数字対応はありませんが，本書にも巻末に簡易の「動詞活用表」が付いています）．

Ejercicios 5

1. (　　) の動詞を適切な直説法現在の形にしなさい．各文を和訳しなさい．
   1. ¿A qué hora (　　　　[comenzar]) la fiesta?
   2. Yo (　　　　[querer]) comprar un nuevo celular.
   3. ¿ (　　　　[poder]) usted cerrar la ventana?
      ― Sí, (　　　　[cerrar]) en seguida.
   4. Ellos (　　　　[jugar]) al tenis muy bien.
   5. Ella (　　　　[pedir]) un café solo y una torta.
   6. **STEP UP** Yo (　　　　[seguir]) mi camino.

2. (　　) に適切な語（算用数字は不可）を入れなさい．
   1. Es la (　　　) (　　　) punto.　1時ちょうどです．
   2. Son las (　　　) y (　　　).　3時15分です．
   3. Son las (　　　) y (　　　).　8時半です．
   4. Son las (　　　) y (　　　).　10時40分です．
   5. Son las (　　　) (　　　) cinco.　12時5分前です．

3. スペイン語に訳しなさい．
   1. 私はすぐに戻ります．
   2. ちょっと待っててくれる？（待つことができる？）― ええ，もちろん．
   3. 私は紅茶よりコーヒーを好む．　★ preferir A a B
   4. 何時ですか？ ― 午前11時15分です．
   5. そのサッカーの試合（partido de fútbol）はちょうど夜7時に始まる．

語学コラム ―― 「明日」はどっちだ？

　¡Hasta mañana!（また明日！）――すでに準備課で学んでいますが，あまねく知られたスペイン語の別れの挨拶です．別途，「今日できることも明日に回す」という意味で，なかなか物事がはかどらないスペイン語圏の労働観・時間感覚を象徴する（？）表現と受け止められることもあります．

　それはともかく，mañana という単語は，けっこうくせ者です．まずは「明日」と覚えるわけですが，mañana には「午前」の意味もあります．つまり，英語では当然異なるところが（*tomorrow, morning*），スペイン語ではひとつの単語になっているのです．これは戸惑いますね．どう区別したらいいのでしょうか．

　この課では「午前（に）」という表現を [de] la mañana と学びました．ちなみに，「午後（に）」は [de] la tarde，「夜（に）」は [de] la noche です．このように，「午前」（または「朝」）の意味の場合は「女性名詞」で，かつ，必ず「定冠詞」が付きます．一方「明日」の場合は，副詞として使われるならばそもそも「無冠詞」で，しいて名詞「明日」（または「未来」）として使うときは，例外的な（-a で終わっているにもかかわらず）「男性名詞」として el mañana となります．

　というわけで，mañana por la mañana という表現もあるのですが，その訳は「明日の午前中」なのです．さあ，ふたつの mañana のうち，「明日」はどっちだ？

Lección 6

Frases de ejemplo

Hago deporte todos los días.
Carlos hace diseños todo el día.

—¿Qué haces?
—Traduzco un artículo del español al japonés.

—¿Qué me ofrece usted?
—Le ofrezco una oportunidad de trabajo.

—¿Conoces a mi amigo Francisco?
—Sí, lo conozco mucho.

Sabemos esa noticia.

Sé nadar, pero hoy no puedo.

—Mi abuelo está muy grave.
—Lo siento mucho.

—¿Me prestas ese libro?
—Sí, te lo presto.

—¿Das un regalo a Dolores?
—No. Quiero dárselo a Ana.

★ lo siento

Gramática

§1　動詞／直説法現在／不規則活用 ②──1人称単数のみ不規則
［語根］1人称単数（yo）のみ不規則に変化／［語尾］規則活用に同じ

（1）**-go** 型

hac**er**

ha**go**	hac**emos**
hac**es**	hac**éis**
hac**e**	hac**en**

（2）**-zco** 型

conoc**er**

cono**zco**	conoc**emos**
conoc**es**	conoc**éis**
conoc**e**	conoc**en**

caer: cai**go**　　poner: pon**go**　　agradecer: agrade**zco**　　ofrecer: ofre**zco**
salir: sal**go**　　traer: trai**go**　　conducir → condu**zco**　　traducir: tradu**zco**

◇つづりと発音の関係上，つづりにさらに一部変則が加わる動詞

o**í**r: oi**go**, o**y**es, o**y**e, oímos, oís, o**y**en

（3）その他

sab**er**

s**é**	sab**emos**
sab**es**	sab**éis**
sab**e**	sab**en**

dar: d**oy**（ただし，2人称複数は dais）
ver: v**eo**（ただし，2人称複数は veis）

◇ saber + 動詞原形（英 *know how to* ～）⟷ poder + 動詞原形

§2　人の前に付く前置詞 a
（1）間接目的格（～に）の場合──人の特定・不特定にかかわらず付ける
　　Escribo a María (a unos amigos).

（2）直接目的格（～を）の場合──特定の人の場合に付ける
　　Busco al secretario.　*cf.* Buscamos una secretaria.
　　Conozco a Guillermo.（英 *I know ~~to~~ William.*）　*cf.* ~~Sabemos a Luis~~.

§3　目的格代名詞

間接目的格「～に」

	単数	複数
I	me	nos
II	te	os
III	le (→ se)	les (→ se)

直接目的格「～を」

	単数	複数
I	me	nos
II	te	os
III	lo（男） la（女）	los（男） las（女）

（1）目的格代名詞は動詞の「前」に置く．

Escribo a María. → **Le** escribo.　　Quiero a María. → **La** quiero.

◇ ただし，「動詞原形」を含む文の場合は，目的格代名詞をその動詞原形の「後ろ」に「付けて」書くことができる（選択ルール）．

Quiero comprar este libro. → Quiero comprar**lo**./ **Lo** quiero comprar.

◆ 目的格代名詞を動詞の「後ろ」に「付けて」書くのは，この「動詞原形」の場合も含め3つのケースがある（☞ 10課 §4, 15課 §3）.

◆ スペインでは lo の代わりに le を使うことがある．　Conozco a Guillermo. → **Le** (**Lo**) conozco.

（2）間接・直接の両目的格が一文に含まれる場合，語順は①間接目的格・②直接目的格となる．

¿Me escribes una carta? — Sí, **te la** escribo./ Sí, quiero escribír**tela**.

（3）（2）の場合で，間接・直接の両目的格がいずれも3人称となる場合，間接目的格は一律 se になる．

¿Escribes una carta a María? — No, no **se** (~~le~~) **la** escribo.

§4　天候表現

1. 動詞 hacer による天候表現

¿Qué tiempo hace hoy? — Hace buen (mal) tiempo./ Hace calor (frío)./ Hace sol en verano./ Hace viento.

2. その他の動詞（llover [o → ue], nevar [e → ie]/ amanecer, atardecer）による天候表現

Llueve mucho en junio.　　En Okinawa no nieva.　　Amanece tarde en invierno.

§5　動詞 hacer のさまざまな用法

1. 英 *do* として

¿Qué hace usted los domingos? — Hago deporte.　　¿Me haces un favor?

2. 英 *make* として

（1）天候表現（☞ §4）

（2）期間を表す：hace + 期間を表す名詞 + que（接続詞）～

Hace unos meses que aprendemos español.

◇ 事実上前置詞化した用法：Vivo aquí desde hace medio año.

（3）「～させる」（使役）：hacer + 形容詞・動詞原形

Me hace feliz estar con mi familia.

El accidente nuclear nos hace pensar muchas cosas.

Ejercicios 6

1. (　　) の動詞を適切な直説法現在の形にしなさい．各文を和訳しなさい．
   1. Yo (　　　　　[salir]) de casa muy temprano.
   2. ¿Me (　　　　　[oír]) tú? — No, no te (　　　　　[oír]) bien.
   3. Yo te (　　　　　[agradecer]) mucho tu ayuda.
   4. Yo te (　　　　　[dar]) mi tarjeta.
   5. (　　　　　[hacer]) un mes que yo no lo (　　　　　[ver]).

2. 下線部を適切な目的格代名詞に書き換えなさい．各文を和訳しなさい．
   1. ¿Tocas la guitarra? — Sí, (　　　　) toco.
   2. ¿Escribes a tus padres? — Hace mucho tiempo que no (　　　　) escribo.
   3. ¿Conoces a Miguel? ¡Sí, (　　　　) conozco mucho!
   4. ¿Me invitas una cerveza? — No, no (　　　　) (　　　　) invito.
   5. ¿Me presta usted el lápiz? — Sí, (　　　　) (　　　　) presto.

3. スペイン語に訳しなさい．
   1. 私は毎週日曜日にスポーツをする．
   2. 私は公園を散歩する（dar un paseo）．
   3. 私は車の運転（conducir el coche）ができる．
   4. 今日はどんな天気？ — そんなに暑くない．
   5. 私はスペイン語を学んで半年になる．

【前置詞 ②】

ante (英 before)　bajo (英 under)　como (英 as)　contra (英 against)　desde (英 from, since)　entre (英 between)　hacia (英 toward)　hasta (英 until)　según (英 according to)　tras (英 after)

【四季】

primavera　verano　otoño　invierno

Lección 7

Frases de ejemplo

Me parece que estás cansado. Tienes que tomar vacaciones.

Hoy vengo a decirte gracias.

—¿Cómo está Jorge?
—María dice que él está muy ocupado.

—¿A dónde vais?
—Vamos al cine.

—¿Cuántos años lleva usted en Japón?
—Llevo cinco años.

Todos hablan bien de ti.

Contigo, pan y cebolla.

—¿Por qué aprendéis español?
—Porque nos gusta.

—Me gusta la tortilla española.
—A mí me gusta la tortilla de los tacos mexicanos.

A ellos les gusta mucho la salsa.

Gramática

§1 動詞／直説法現在／不規則活用③ ── ミックス型（3動詞）

[語根] 不規則に変化／[語尾] 1人称単数以外は規則活用に同じ．

tener　　　　　　　　　**venir**　　　　　　　　　**decir**
[e → ie 型 + -go 型]　　　　[e → ie 型 + -go 型]　　　　[e → i 型 + -go 型]

tengo	tenemos		vengo	venimos		digo	decimos
tienes	tenéis		vienes	venís		dices	decís
tiene	tienen		viene	vienen		dice	dicen

◇ tener que ＋動詞原形（個別的義務／英 *have to* 〜）：Tengo que estudiar mucho.

◇ venir a ＋動詞原形（英 *come to* 〜）：Él viene a verme.

§2 動詞／直説法現在／不規則活用④ ── 完全不規則（4動詞）

ser（→2課§2）　　　estar（→3課§1）　　　haber（→1課§4）　　　ir

soy	somos		estoy	estamos		he	hemos		voy	vamos
eres	sois		estás	estáis		has	habéis		vas	vais
es	son		está	están		ha [hay]	han		va	van

◇ hay ＋不特定の主語（存在）（☞1課§4）

◇ hay que ＋動詞原形（一般的義務）：Hay que ir al voto.

　　◆ haber 全般は完了形で用いられる（☞10課§3）．

◇ ir a ＋動詞原形（英 *be going to* 〜）：Voy a decir que no.

◇ vamos a ＋動詞原形（英 *let's* 〜）：Vamos a cantar.　*cf.* ¡Vamos!（英 *let's go!*）

§3 前置詞格代名詞（■主格代名詞と同じ［→2課§1］）

	単数	複数
I	mí	nosotros (-as)
II	ti	vosotros (-as)
III	usted	ustedes
	él	ellos
	ella	ellas

Para mí no hay problema.
Voy con ustedes.

◇ con ＋ mí・ti → conmigo・contigo

¿Quieres salir conmigo?

§4 gustar 型動詞

【オプション】 【基本（必須3要素）】

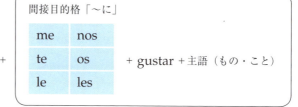

（間接目的格と同格）

（1）基本

Me gusta el fútbol.　No le gustan los deportes.　Nos gusta el perro.
¿Te gusta bailar? ― Sí, me gusta mucho.

（2）オプション付き

¿A usted le gusta la paella?（× ¿A usted gusta la paella?）
A mí me gusta el béisbol.
A María y Mónica les gustan los dulces.

（3）gustar 以外の動詞：doler [o → ue], importar, interesar, parecer

Me duele la cabeza.　¿Te importa esperarme? ― No, no me importa.
Nos interesa la historia latinoamericana.　Me parece muy bien.

§5 疑問詞 ③ ―― cuánto, por qué

（1）cuánto（英 how many/much）

¿Cuánto cuesta? ― Cuesta diez euros.
¿A cuántos estamos hoy? ― Estamos a 19 de septiembre.（☞ 3課 §4）
¿Cuántos años tienes? ― Tengo diecinueve años.

（2）por qué（英 why）

¿Por qué no vas a España? ― Porque no tengo ganas de ir.

地域文化コラム ―― スペイン語圏の食 ①

　スペイン語を学んだら，スペイン語圏の食にも当然興味をそそられるでしょう．スペイン語圏は国の数も多いですから，食もじつにバラエティー豊かです．
　まずスペインについては，魚介や肉入りの炊き込みご飯のパエリャ（paella）が有名です．ガスパチョ（gazpacho）と呼ばれる野菜の冷製ドリンクも特徴的です．最近は日本でもスペイン風を謳うバル（bar）が増えてきました．立食が基本で，さまざまな具材をニンニクとオリーブオイルで煮込んだアヒージョ（ajillo）など，タパス（tapas）と呼ばれる一連のおつまみが魅力です．
　ところで，スペインでトルティリャ（tortilla）と言えば，それはジャガイモ入りのオムレツのことですが，メキシコではあのタコス（taco[s]）料理を巻くための，トウモロコシ粉を練って作った薄皮のことです．同じスペイン語圏なのに，「所変われば品変わる」とはまさにこのことです．

Ejercicios 7

1. ( ) の動詞を適切な直説法現在の形にしなさい．各文を和訳しなさい．
   1. ¡Yo ([tener]) que presentar el trabajo!
   2. ¿De dónde ([venir]) tú? — ([venir]) de casa.
   3. Yo les ([decir]) la verdad.
   4. ([haber]) que tener paciencia.
   5. ¡Nosotros ([ir]) a sacar una foto!

2. 対訳を参考に，( ) の動詞を適切な直説法現在の形にしなさい．[ ] には適切な代名詞を入れなさい．
   1. Estoy completamente enamorado de [   ].
      僕は君にすっかり恋している．
   2. [   ] ([gustar]) cantar y bailar.
      君は歌ったり踊ったりするのが好きだ．
   3. A Isabel [   ] ([gustar]) la pintura impresionista.
      イサベルは印象派の絵が好きだ．
   4. ¿[   ] ([importar]) fumar aquí?
      (君たち，) ここでタバコを吸ってもかまわない？
   5. A [   ] me ([interesar]) la Civilización Inca.
      私はとにかく，インカ文明に興味がある．

3. スペイン語に訳しなさい．
   1. 君はたくさんの本を読まなければならない．
   2. あなたは何時に来ますか？ ― 3時に行きます．
   3. (私たちは) サッカーをしましょう！
   4. 僕は君といっしょにいるのが好きだ．
   5. 君は姉妹が何人いますか (持っていますか)？ ― 2人います．

Lección 8

Frases de ejemplo

—¿A qué hora te levantas?
—Me levanto a las siete para no llegar tarde a la oficina.

Me limpio los dientes antes de acostarme.

—¿Qué te pasa?
—Me siento un poco mal.

—¿Con quién se casa Marta?
—Se casa con Miguel.

—¿Por qué te vas tan de prisa?
—Porque tengo muchas cosas que hacer.

Por ahora no tenemos ningún problema.

—No quiero asistir a la clase... .
—Yo tampoco.

★ antes de （←→ después de） ★ de prisa ★ por ahora

Gramática

§1　再帰代名詞

se（英 oneself）

me	（英 *myself*）	**nos**	（英 *ourselves*）
te	（英 *yourself*）	**os**	（英 *yourselves*）
se	（英 *yourself*） （英 *himself, herself, itself*）	**se**	（英 *yourselves*） （英 *themselves*）

「自分自身に／を」（間接・直接目的格を兼ねる）

§2　再帰動詞

levantarse

me levanto		**nos** levantamos	
te levantas		**os** levantáis	
se levanta		**se** levantan	

1. 基本用法

   （1）直接再帰「自分自身を～する」→「（自分で）～する」（自動詞化）

   　　levantarse：<u>Me levanto</u> a las seis.（*cf.* <u>Te levanto</u> a las seis.）

   　　◆再帰代名詞も目的格代名詞の一つであるため，動詞原形に対しては，「後ろ」に「付けて」書かれる（☞6課§3）．Queremos levantarnos muy temprano.

   　　acostarse [o → ue]：¿A qué hora te acuestas? — Me acuesto a las once.

   　　llamarse + 名前：¿Cómo se llama usted? — Me llamo Jorge.

   （2）間接再帰「自分自身に（対して）…を～する」

   　　lavarse：Me lavo la cara.（英 *I wash my face.*）

   　　ponerse：Me pongo el gorro (la chaqueta, la corbata, los guantes, ...).

   　　quitarse：Usted tiene que quitarse los zapatos en casa.

2. 応用用法

   （3）相互「互いに～する」（主語は複数）

   　　ayudarse：Ellos se ayudan mucho.

   （4）受身：se + 3人称（主語はもの・こと）　*cf.* 本来の受身（☞10課§2）

   　　venderse：Se venden periódicos en el quiosco.

   （5）強意・転意

   　　irse：¿Te vas? — Sí, me voy.

   　　morirse [o → ue] de：Me muero de hambre.

   ◇再帰動詞としてのみ用いられる動詞

   　　atreverse a ～：Me atrevo a decírtelo.

   　　quejarse de ～：Ella se queja de su mala suerte.

§3　無人称文

(1) 3人称複数

Dicen que es muy rico.（英 *They say [that]* ～)

(2) se + 3人称単数

¿Se puede fumar aquí?

§4　不定語・否定語

(1) 代名詞

algo（英 *something/anything*) ⟷ **nada**（英 *nothing*)

¿Oyes algo? — No, no oigo nada. (No, nada oigo.)

alguien（英 *somebody/anybody*) ⟷ **nadie**（英 *no one*)

¿Viene alguien? — No, no viene nadie.(No, nadie viene.)

(2) 形容詞・代名詞

alguno（英 *some/any*) ⟷ **ninguno**（英 *no/none*)

¿Tiene Ud. alguna pregunta? — No, no tengo ninguna.

◇ algún・ningún +男性単数名詞　No hay ningún problema.

¿Algunos de ellos son mexicanos? — No, ninguno.

(3) 副詞

nunca・jamás（英 *never*)　Nunca voy a bailar.　¡Nunca jamás!

tampoco（英 *neither*)　Yo tampoco hablo francés.

(4) 接続詞

ni（英 *nor*)　No viene José ni Luis.

§5　動詞原形の用法 ② ─ 形容詞的・副詞的用法

(1) 形容詞的用法 ── 名詞 + para(que) +動詞原形

Tengo algo para(que) decirte.

(2) 副詞的用法 ── para +動詞原形

Salgo de casa temprano para llegar a tiempo.

【身体の部位】

boca　brazo(s)　cara　cuello　cuerpo　diente(s)　hombro(s)　mano(s)　nariz
ojo(s)　oreja(s)　pierna(s)

Ejercicios 8

1. (　　) の再帰動詞を適切な再帰代名詞と直説法現在の形にしなさい．各文を和訳しなさい．
   1. Yo（　　　　　　　[sentarse]）en el sofá.
   2. Yo（　　　　　　　[ponerse]）muy nervioso cuando hablo ante la gente.
   3. Marta y Miguel（　　　　　　　[amarse]）mucho.
   4. En esta tienda（　　　　　　　[venderse]）cosas muy baratas.
   5. Yo（　　　　　　　[morirse]）de risa.

2. 対訳を参考に，(　　) に適切な不定語・否定語を入れなさい．
   1. （　　　　　　　）hombre puede vivir solo. 人はひとりでは生きられない．
   2. ¿Hay（　　　　　　　）que comer? ― No, no hay（　　　　　　　）.
      何か食べるものある？　何もないよ．
   3. No hay（　　　　　　　）en el parque. 公園にはだれもいない．
   4. ¡（　　　　　　　）voy a renunciar! 私はけっしてあきらめない！
   5. En la mesa no hay pan（　　　　　　　）mantequilla. 食卓にパンもバターもない．

3. スペイン語に訳しなさい．
   1. 君の名前は？― カルメンよ．
   2. 私は帰宅（volver a casa）したあとで手を洗う．
   3. 私たちは日々の生活（la vida diaria）のなかで助け合わなければならない．
   4. 彼は病気とのことだ（と人々は言っている）．
   5. このバルはおいしいと評判だ．［ただし，se + 3 人称単数で表現］

地域文化コラム ── スペイン語圏の食 ②

　スペイン，メキシコ以外の食で知られているとすれば，あとは牛肉の国アルゼンチンのバーベキューであるアサド（asado）ぐらいでしょうか．そんな皆さんにぜひ知ってもらいたいのが，ペルーの食の豊かさです．
　ペルーのアンデス地帯はそもそも，トウモロコシ，トマト，ジャガイモ，トウガラシといった，それらがなければ現在どの国の郷土料理も成り立たないような基礎作物の原産地です．そうした豊富な山の幸に加えて，太平洋沿岸の海の幸に恵まれ，さらにはさまざまな移民がもたらした食材（たとえば中国系がもたらした米など）をも取り入れたペルー料理は，半生魚介のレモン締めであるセビチェ（cebiche）など個々の料理もさることながら，「総合力」で抜きん出ているとペルー通の筆者は思うのですが，あとは皆さんの舌で確かめてもらうほかはありません．

Lección 9

Frases de ejemplo

—¿Dónde está el bolígrafo que tiene cuatro colores?
—Está sobre la mesa.

La cafetería a la que voy de vez en cuando está cerrada hoy.

Este es el restaurante chino del que hablan muy bien Juan y María.

Lo que pasa es que... no he estudiado para el examen de hoy.

Parece que estáis más cansados que ellos,
pero ellos trabajan más que vosotros.

Machu Picchu es uno de los Patrimonios de la Humanidad más populares del mundo.

Más vale tarde que nunca.

La mejor salsa es el hambre.

★ de vez en cuando

Gramática

§1　関係代名詞

	先行詞	性数変化	独立用法
(1) que	人／もの・こと	なし	なし
(2) 定冠詞 + que (cual)	人／もの・こと	定冠詞が性数変化 (cual は数変化→ cuales)	あり
(3) quien	人	数変化→ quienes	あり

(1) **que**（英 *who/whom, which*）

　　Ese señor **que** conozco mucho es arquitecto.

　　（Ese señor es arquitecto. + Conozco a ese señor.）

(2) 定冠詞+ **que**（**cual**）

　　Ellas son las estudiantes **de las que** el profesor habla bien.

　　（Ellas son las estudiantes. + El profesor habla bien de las estudiantes.）

　　◇独立用法（先行詞なし）：**Los que** bailan son muy alegres.

　　　　　　　　　　　　　　No entiendo **lo que** dice él.（英 *I don't understand what he says.*）

　　◇独立用法（前文の内容を受ける）：Ella está enferma, **lo que** (**cual**) me preocupa mucho.

(3) **quien**（英 *who/whom*）

　　Ese señor **a quien** conozco mucho es arquitecto.（Ese señor es arquitecto. + Conozco a ese señor.）

　　◇独立用法（先行詞なし）：**Quienes** bailan son muy alegres.

§2　比較構文

1. 比較級

優等比較	A ～ más + 形容詞・副詞 + que　B
劣等比較	A ～ menos + 形容詞・副詞 + que　B
同等比較	A ～ tan + 形容詞・副詞 + como　B

Soy **más** alto **que** tú.　Ella es **menos** alta **que** yo.　Eres **tan** alto **como** ella.

◇同等比較の短縮形：tan + mucho → **tanto**（性数変化あり）

Tengo **tantos** libros **como** tú.（Tengo muchos libros. = Tú tienes muchos libros.）

José corre **más** rápidamente **que** nosotros.

2. 最上級

　　A ～ 定冠詞＋(名詞)＋ más ＋形容詞＋ de …

　Soy **el** (chico) **más** alto **de** la clase.
　◇ 副詞の最上級は関係代名詞「定冠詞＋ que」（☞ §1）と組み合わせる．
　　José es **el** (chico) que corre **más** rápidamente de la clase.

3. 不規則な比較級・最上級

形容詞	副詞	比較級・最上級
mucho （英 *many/much*）	mucho （英 *much*）	más （英 *more/most*）
poco （英 *little*）	poco （英 *little*）	menos （英 *less/least*）（性数変化なし）
bueno （英 *good*）	bien （英 *well*）	mejor （英 *better/best*）
malo （英 *bad*）	mal （英 *bad*）	peor （英 *worse/worst*）（数変化のみ）
grande （英 *big*）	——	más grande／mayor （不規則形：
pequeño （英 *small*）	——	más pequeño／menor　数変化のみ）

　◆ スペイン語の規則的な比較級「más (menos) ＋形容詞・副詞」は，英語の準規則的な比較級「*more (less)* ＋形容詞・副詞」に相当する．（最上級も同様）

　Tengo **más** libros **que** tú.（Tengo muchos libros. ＞ Tienes muchos libros.）
　Hablas español **mejor que** yo.（Hablas español bien. ＞ Hablo español bien.）
　Estas son **las mejores** novelas **de** este año.
　◇ サイズの大小：Vuestra universidad es **más grande que** la nuestra.
　◇ 年齢の上下：Soy **mayor que** tú, pero tres años **menor que** ella.

4. 絶対最上級 –ísimo（形容詞は性数変化）
　(1) 母音で終わる形容詞・副詞：-~~母音~~＋ ísimo　　alto → altísimo
　(2) 子音で終わる形容詞・副詞：-子音＋ ísimo　　fácil → facilísimo
　　　¡Muchísimas gracias!　　Este examen es dificilísimo.

§3　感嘆文（¡～!）
　(1) ¡qué ＋名詞＋(tan [más] ＋形容詞)～！　¡Qué pena!　¡Qué película tan (más) interesante!
　(2) ¡qué ＋形容詞～！　¡Qué bonita eres!
　(3) ¡qué ＋副詞～！　¡Qué bien cantas!

§4　接続詞 ③ — aunque, cuando, si
　(1) aunque （英 *though*）　**Aunque** parece mentira, es verdad.
　(2) cuando （英 *when*）　**Cuando** vuelvo a casa, siempre miro el buzón.
　　　＝［al ＋動詞原形］**Al volver** a casa, siempre miro el buzón.
　(3) si （英 *if*）　**Si** vienes mañana, puedes comprarlo.

Ejercicios 9

1. （　　）に選択肢から適切な語を入れなさい．各文を和訳しなさい．

    [cual, cuales, la, las, lo, los, que, quien, quienes]

    1. El coche rojo （　　　　） está allí es mío.
    2. Mi padre ya está mejorado, （　　　　） que me alegra mucho.
    3. （　　　　） tienen hambre comen más.
    4. El señor a （　　　　） buscamos no está en Japón.
    5. La chica de （　　　　） que hablan ellos es muy guapa.

2. （　　）に選択肢から適切な語を選んで入れなさい．各文を和訳しなさい．

    [como, de, del, el, la, más, menor, menos, peor, que, tan, tantas, tantos]

    1. Brasil es （　　　　） grande （　　　　） México.
    2. El taxi es （　　　　） barato （　　　　） el metro.
    3. ¿Cuál es （　　　　） monte más alto （　　　　） mundo?
    4. Juana tiene （　　　　） revistas （　　　　） Pepe.［同等比較で］
    5. Este es el （　　　　） gobierno （　　　　） todos.

3. スペイン語に訳しなさい．
    1. 彼は私よりずっと年上だ．
    2. 私たちは先生（el profesor）の言ってることが理解できない．
    3. 私は野球よりサッカーが好きだ．
    4. その映画は世界の最良の映画のひとつだ．
    5. 外出するときは，いつも傘を持ち歩いている．

地域文化コラム ―― スペイン語圏の世界遺産 ①

　スペイン語圏はユネスコの指定する世界遺産の宝庫と言ってもいいでしょう．世界遺産登録数（2015年時点）でスペインは堂々第3位です．アルハンブラ宮殿で有名なグラナダやコルドバの旧市街，サグラダ・ファミリア教会を筆頭とする建築家アントニオ・ガウディが手がけたバルセロナの建築群など，じつに44ヶ所が登録されています．

　サグラダ・ファミリアは19世紀末に着工され，現在も建造中です．以前は「21世紀中も完成しない」と言われていたのですが，ここにきてサグラダ・ファミリア財団は，ガウディの没後百年である2026年の完成を目指すことを発表しています．にわかには信じがたいことです．財団のサイト（www.sagradafamilia.org）ではシミュレーション動画も公開されています．さて，サグラダ・ファミリアは予告通り完成するのでしょうか．注目です．

Lección 10

Frases de ejemplo

—¿A qué hora se abre el museo?
—El museo está abierto a partir de las nueve de la mañana.

En La Habana hay dos bares muy famosos llamados "Floridita" y "La Bodeguita del Medio", respectivamente.

Hoy los edificios están cubiertos por la nieve.

—¿Has estado alguna vez en México? ¿Has ido a las Pirámides de Teotihuacán?
—Sí, he estado allí varias veces, pero nunca he visitado Teotihuacán.

—¿Qué está haciendo Carlos?
—Está hablando por teléfono.

Nosotros mismos tenemos que seguir reclamando la democracia.

★ a partir de

Gramática

§1 過去分詞

1. 規則的な過去分詞

【-ar 動詞】	【-er・-ir 動詞】
habl**ar**	com**er**/viv**ir**
habl**ado**	com**ido**/viv**ido**

STEP UP つづりと発音の関係上，つづりに一部変則が加わる過去分詞

l<u>ee</u>r → le**í**do   <u>oí</u>r → o**í**do   tr<u>ae</u>r → tra**í**do

2. 不規則な過去分詞

（1）-rto/-lto 型
  abrir → abie**rto**
  cubrir → cubie**rto**
  morir → mue**rto**
  volver → vue**lto**

（2）-sto/-to 型
  poner → pue**sto**
  ver → vi**sto**
  escribir → escri**to**
  romper → ro**to**

（3）-cho 型
  decir → di**cho**
  hacer → he**cho**

3. 過去分詞の用法

（1）形容詞として（性数変化）（☞ §2）

  La oficina está abierta de lunes a viernes.   La carta está escrita en español.

（2）動詞の一部として（性数変化なし）（☞ §3）

§2 受身（受動態）

ser + 過去分詞（性数変化）+ por ~   *cf.* 再帰動詞 se + 3人称（☞ 8課 §2）

Violeta Parra es muy respetada por el pueblo chileno.

§3 直説法現在完了

haber の直説法現在

he	hemos
has	habéis
ha	han

+ 過去分詞（性数変化なし）

（用法）

（1）現在の時点で完了した行為・できごと

  ¿Has comido ya? — No, no he comido todavía.

  ◇ acabar de + 動詞原形（完了形相当／英 *have just* + 過去分詞）

  Acaba de terminar la guerra.

（2）現在までに経験・継続している行為・できごと

　　¿Ud. ha estado en Madrid? — No, nunca he estado allí.

　　He vivido cinco años en París.

◆疑問文時に「haber + 過去分詞」部分を，英語のように崩すことはしない．× ¿~~Ha Ud. estado~~ en Madrid?（英 *Have you been to Madrid?*）

（3）一定期間内の過去の出来事

　　Hoy he caminado poco.　Este mes ha llovido muchísimo.

§4　現在分詞とその用法

1．規則的な現在分詞

　　　【-ar 動詞】　　　　　　【-er・-ir 動詞】
　　　habl**ar**　　　　　　　com**er**/viv**ir**
　　　habl**ando**　　　　　　com**iendo**/viv**iendo**

STEP UP　つづりと発音の関係上，つづりに一部変則が加わる現在分詞
　　　ir → **yendo**　　leer → le**yendo**　　oír → o**yendo**　　traer → tra**yendo**

2．不規則な現在分詞

（1）（e → i 型）　d**e**cir → d**i**ciendo　　p**e**dir → p**i**diendo　　s**e**ntir → s**i**ntiendo
　　　　　　　　v**e**nir → v**i**niendo

（2）（o → u 型）　d**o**rmir → d**u**rmiendo　　m**o**rir → m**u**riendo　　p**o**der → p**u**diendo

3．用法

（1）進行形：estar ＋現在分詞

　　¿Qué estás haciendo? — Estoy cocinando.　Los niños están durmiendo.

　　◇進行形の応用：ir/seguir/venir ＋現在分詞　　Voy (Sigo/Vengo) paseando por el parque.

（2）分詞構文

　a）付帯状況（〜しながら）：Siempre estudio escuchando la radio.

　b）条件（〜ならば）：Yendo en taxi, podemos llegar a tiempo.

（3）現在分詞と目的格代名詞

　　現在分詞に対しては，目的格代名詞を「後ろ」に「付けて」書くことができる（選択ルール／☞ 6 課 §3, 15 課 §3）．

　　Él sigue tomando el vino. → Él sigue tomándo**lo**./ Él **lo** sigue tomando.

Ejercicios 10

1. （   ）の動詞を適切な過去分詞の形にしなさい．各文を和訳しなさい．
   1. La cafetería está （   [abrir]） los domingos.
   2. ¿Pilar ha （   [estar]） alguna vez en las Islas Galápagos?
   3. ¿Tú has （   [ver]） a Lucho?
   4. Hemingway es muy （   [respetado]） por el pueblo cubano.
   5. **STEP UP** Se han （   [leer]） mucho los poemas de Pablo Neruda.

2. （   ）の動詞原形を適切な現在分詞の形にしなさい．各文を和訳しなさい．
   1. Ellos están （   [pasear]） por el parque.
   2. Carlos sigue （   [comer]）.
   3. La sociedad internacional está （   [pedir]） apoyo a los refugiados.
   4. Él siempre ve la televisión （   [decir]） algo.
   5. **STEP UP** Estamos （   [ir]） al Aeropuerto Internacional de Tokio.

3. スペイン語に訳しなさい．
   1. この本は英語で書かれている．
   2. そのオス犬は家族からとても愛されている．
   3. 私は一度もスペインに行ったことがない．
   4. 私はその手紙を受け取ったばかりである．[acabar を用いて]
   5. 私は音楽を聴いているところです．

語学コラム ── 分詞の「領分」

　　過去分詞も現在分詞も英語でお馴染みのものです．過去分詞は「受身」（ser [英]*be* +過去分詞）および「完了形」（haber [英]*have* +過去分詞）で使われ，現在分詞は「進行形」（estar [英]*be* +現在分詞）をなすことでも，スペイン語と英語では共通しています．しかし，まったく同じというわけではないので，それなりの注意が必要です．

　　「受身」の過去分詞は，スペイン語であれ英語であれ，構文的には主語を修飾する「形容詞」として機能しています．形容詞だからといって英語では何の変化もしませんが，スペイン語の場合はそうはいかず，主語の性数に合わせて性数変化させなければなりません．では，スペイン語の過去分詞は常に性数変化するのかというと，そうではありません．「完了形」の過去分詞は，英語と同様，常に無変化でなければなりません．なぜなら完了形の過去分詞は，「haber +過去分詞」で「一体の動詞」になっているからです．

　　一方，現在分詞はどうでしょうか．英語の現在分詞は「形容詞」として使われますが，その用法はスペイン語にはありません．たとえば，英語の "*a running boy*" をスペイン語に直訳した "un chico corriendo" は，「走っている少年」を意味しません．スペイン語では関係代名詞（☞ 9課 §1）を用いて，"un chico que está corriendo" としなければならないのです．

　　という具合に，スペイン語と英語では，分詞の使い方にそれぞれの「領分」があります．たがいの領分をわきまえて，適正に使い分けられるようにしましょう．

Lección 11

Frases de ejemplo

El escritor colombiano Gabriel García Márquez publicó su famosa novela *Cien años de la soledad* en 1967.

—¿Cuál te gustó más, el asado argentino o el churrasco brasileño?
—¡Uy, es una pregunta muy difícil!

—¿Sabes una cosa? Miguel de Cervantes y William Shakespeare murieron en el mismo año, 1616. Justo ayer lo supe.

Quisimos ir al concierto de los *Rolling Stones*, pero no pudimos.

Mucha gente hizo protestas en la calle diciendo "¡NO!".

A Kenzaburo Oe le dieron el Premio Nobel de Literatura en 1994.

Las novelas de Haruki Murakami se tradujeron a varios idiomas. Pero en el caso de español, el título de la más famosa "Norway no mori" se tradujo como *Tokio blues*.

Gramática

§1 動詞／直説法点過去

1. 規則活用（-er・-ir 動詞は共通）

【-ar 動詞】
hablar

hablé	hablamos
hablaste	hablasteis
habló	hablaron

【-er 動詞】
comer

comí	comimos
comiste	comisteis
comió	comieron

【-ir 動詞】
vivir

viví	vivimos
viviste	vivisteis
vivió	vivieron

◇ -ar・-ir 動詞では，1人称複数の活用が直説法現在と同じことに注意．

STEP UP つづりと発音の関係上，つづりに一部変則が加わる動詞．
buscar: busqué, buscaste, …
llegar: llegué, llegaste, …
leer: leí, leíste, leyó (leió), leímos, leísteis, leyeron (leieron)
construir: construí, construiste, construyó (construió), …, construyeron (construieron)
ver: vi, viste, vio, vimos, visteis, vieron

2. 用法

過去のある時点で「終了」した行為・できごと

Ayer compré un libro.　El domingo pasado comimos asado.
Vivieron dos años en Los Ángeles.　Se me rompió el plato.

§2 動詞／直説法点過去／不規則活用

1. 語根母音変化（-ir 動詞のみ）

［語根］母音が3人称のみ不規則に変化／［語尾］-ir 動詞規則活用に同じ

(1) e → i 型

pedir

pedí	pedimos
pediste	pedisteis
pidió	pidieron

repetir　seguir
servir

(2) o → u 型

dormir

dormí	dormimos
dormiste	dormisteis
durmió	durmieron

morir

STEP UP つづりと発音の関係上，つづりにさらに一部変則が加わる動詞
reír: reí, reíste, rió (riió), reímos, reísteis, rieron (riieron)

— 55 —

2. 語根・語尾不規則

［語根］さまざまに変化／［語尾］このパターンのための特別な語尾（-ar/-er/-ir 共通）:
-e, -iste, -o, -imos, -isteis, -ieron ［(4) のみ -eron］

(1) uv ［ub］型
  tener ［→ tuv-］

tuve	tuvimos
tuviste	tuvisteis
tuvo	tuvieron

andar ［→ anduv-］
estar ［→ estuv-］
haber ［→ hub-］

(2) u 型
  poder ［→ pud-］

pude	pudimos
pudiste	pudisteis
pudo	pudieron

poner ［→ pus-］
saber ［→ sup-］

(3) i 型
  venir ［→ vin-］

vine	vinimos
viniste	vinisteis
vino	vinieron

hacer ［→ hic-］: hice, hiciste, hizo, ...
querer ［→ quis-］

(4) j 型
  decir ［→ dij-］

dije	dijimos
dijiste	dijisteis
dijo	dijeron

traducir ［→ traduj-］
traer ［→ traj-］

3. 完全不規則（3動詞2パターンのみ）

dar

di	dimos
diste	disteis
dio	dieron

ir/ser

fui	fuimos
fuiste	fuisteis
fue	fueron

§3 知覚動詞

知覚動詞（oír, ver など）＋（A）動詞原形 or 現在分詞 ＋（B）直接目的語（人など）（ただし，A・Bは順不同）

Anoche oímos caer la lluvia.　　Vi a María llorando.

Ejercicios 11

1. （　　）の動詞を適切な直説法点過去の形にしなさい．各文を和訳しなさい．
   1. El año pasado ellos （　　　　[viajar]）por los países asiáticos.
   2. Nosotros （　　　　[vivir]）cinco años en Caracas.
   3. Ayer él se （　　　　[comer]）todo el plato.
   4. Nosotros （　　　　[comprar]）un coche la semana pasada.
   5. **STEP UP** ¿Tú （　　　　[ver]）a Laura? - La （　　　　[ver]）en la biblioteca.
   6. **STEP UP** Este edificio se （　　　　[construir]）hace diez años.

2. （　　）の動詞を適切な直説法点過去の形にしなさい．各文を和訳しなさい．
   1. Ellos （　　　　[pedir]）dos cervezas y una pizza.
   2. ¿Usted （　　　　[dormir]）bien anoche? - No, no （　　　　[poder]）dormir por el ruido.
   3. Los invitados （　　　　[estar]）muy contentos con la cena.
   4. Tu hermano se （　　　　[poner]）a llorar. ¿Qué le （　　　　[hacer]）?
   5. ¿Qué le （　　　　[decir]）vosotros? - No, no le （　　　　[decir]）nada.
   6. **STEP UP** El público se （　　　　[reír]）mucho durante la película.

3. スペイン語に訳しなさい．
   1. 私は宿題をする（hacer la tarea）のを忘れた（olvidar）！
   2. 彼女は一昨日出発したかったが，実際には出発できなかった．　★en realidad
   3. 津波（tsunami）は日本に大きな被害をもたらした．　★hacer daño
   4. 昨日私は入院している母を見舞いに行った．
   5. **STEP UP** 私は彼らがとても遅くまで働いているのを見た．

【数字・基数 ③：100 ～ 1,000,000】

◇ 100：**cien**（← ciento）
◇ 101 ～ 999（百の桁＋十の桁以下）：ciento uno (101), ciento dos (102), ... ciento quince (115), ... ciento treinta y uno (131), ... ciento noventa y nueve (199), ... **doscientos** (200), doscientos uno (201), ... **trescientos** (300), ... **cuatrocientos** (400), ... **quinientos** (500), ... **seiscientos** (600), ... **setecientos** (700), ... **ochocientos** (800), ... **novecientos** (900), ... novecientos noventa y nueve (999)
◇ 1,000：**mil**
◇ 1,001 ～ 999,999（千の桁［mil は基数としては複数形にしない］＋百の桁以下）mil uno (1,001), ... mil novecientos sesenta y cuatro (1964), ... dos mil (2,000), ... dos mil dieciséis (2,016), ... tres mil (3,000), ... cuatro mil (4,000), ... nueve mil novecientos noventa y nueve (9,999)
◇ 1,000,000：**un millón**　*cf.* dos millones
★ miles de ～「何千という～」：Miles de personas están protestando delante del Congreso.

Lección 12

Frases de ejemplo

Mientras charlábamos, vino Francisco.

Cuando ellos llegaron a la clase, ya había empezado el examen.

Se dice que América fue "descubierta" por Cristóbal Colón en 1492, pero el mismo Colón no se dio cuenta de que era un continente nuevo, totalmente desconocido por Europa.

Costa Rica es un país centroamericano cuya constitución es pacifista.

COSTA RICA

★ darse cuenta de

地域文化コラム ── プエルトリコをご存じですか？

　プエルトリコ (Puerto Rico) をご存じですか．オリンピックやミス・ユニバース，最近ではWBC（ワールド・ベースボール・クラシック）に「代表」を送り込んでいるので聞き覚えるあるのではないでしょうか．しかしこのプエルトリコ，まさか！と思われるかもしれませんが，じつは「国」（独立国）ではないのです．

　カリブ海のプエルトリコ島も，コロンブスのアメリカ大陸「発見」以降スペインの植民地になりましたが，1898年の米西戦争を機に米国に割譲され，現在に至っています．つまり，プエルトリコは「米国の一部」なのです．ただし，同戦争の頃に同じく米国に編入されたハワイがその後50番目の正規州に昇格したのに対して，プエルトリコは依然「準州」（正式名称は「自由連合州」）の地位に留め置かれています．そのため，米国連邦議会に議員を選出できない等の制約がありますが，他方で税制面では優遇を受けていたりします．前述の「代表」を送り出せるのも，優遇措置のひとつということになるでしょうか．

　米国なのに言語・文化的にはスペインの系統に属するプエルトリコ，なんとも不思議な存在ですが，これも植民地支配の名残のひとつです．WBCで「米国代表」と「プエルトリコ代表」が対戦するって，やっぱりなんだか変ですよね．

Gramática

§1 動詞／直説法線過去

1. 規則活用（-er・-ir 動詞は共通）

【-ar 動詞】　　　　　　【-er 動詞】　　　　　　【-ir 動詞】
hablar　　　　　　　　　comer　　　　　　　　　vivir

hablaba	hablábamos	comía	comíamos	vivía	vivíamos
hablabas	hablabais	comías	comíais	vivías	vivíais
hablaba	hablaban	comía	comían	vivía	vivían

◇ -ar・-er・-ir 動詞とも，1人称単数と3人称単数の活用が同じことに注意．Comía mucho.
（=Yo comía mucho./Él comía mucho.）

2. 不規則活用（基本的に3動詞のみ）

ir　　　　　　　　　ser　　　　　　　　　ver

iba	íbamos	era	éramos	veía	veíamos
ibas	ibais	eras	erais	veías	veíais
iba	iban	era	eran	veía	veían

◆ ver の派生動詞に同じ不規則あり：entrever: entreveía,...　prever: preveía, ...

3. 用法

(1) 過去の「継続的」な行為・できごと
　　Entonces ellos vivían en La Habana.　Cuando me llamaste, almorzaba en casa.
(2) 過去の習慣的な行為．
　　Cuando yo era niño, jugaba al fútbol.　Antes íbamos mucho al cine.
(3) 時制の一致による使用（直説法現在→直説法線過去）
　　<u>Dijo</u> que **tenía** dolor de cabeza.（←<u>Dice</u> que **tiene** dolor de cabeza.）
◆ 時制の一致は常に線過去による（×点過去）

§2 直説法過去完了

haber の直説法線過去

| había | habíamos |
| habías | habíais | ＋　過去分詞（性数変化なし）
| había | habían |

（用法）
(1) 過去のある時点までに完了している行為・できごと
　　Ya había salido el avión cuando él llegó al aeropuerto.

(2) 時制の一致による使用（直説法現在完了→直説法過去完了）
El profesor nos dijo que nunca **había ido** a España.
(← El profesor nos dice que nunca **ha ido** a España.)

§3　関係形容詞

	先行詞	性数変化	独立用法
cuyo（英 *whose*）	人／もの・こと	あり（先行詞ではなく修飾する名詞に一致）	なし

Conozco a la señorita **cuyos** padres viven fuera del país.
(Conozco a la señorita. + Sus padres viven fuera del país.)
Es un libro interesante **cuya** autora es chilena.
(Es un libro interesante. + Su autora es chilena.)

§4　関係副詞

(1) cuando（英 *when*）
　　Fue ese día **cuando** nos vimos por primera vez.
(2) donde（英 *where*）
　　Allí está el parque **donde** jugábamos mucho cuando (éramos) niños.

地域文化コラム ── スペイン語圏の世界遺産 ②

　ラテンアメリカでもっとも世界遺産が多い国はメキシコです（第6位，33ヶ所）．なかでも有名なのはテオティワカン遺跡でしょう．太陽と月の神殿からなるこの巨大ピラミッドは，首都メキシコ市からも程近く，訪れるのも容易です．
　翻って，たどり着くのは困難でもぜひ行ってみたい世界遺産のトップにランクされるのが，ペルーのマチュピチュ遺跡です．「空中都市」などと言われるためどんな孤絶の高地にあるのかと想像されますが，実際には標高は2,400メートルほどです．しかし，アクセスしにくい秘境にあることは間違いありません．また最近では，同じく訪れるのがたいへんですが，ペルーの隣国ボリビアの，ウユニ塩湖の美しすぎる風景も人気急上昇中です．

Ejercicios 12

1. （　　）の動詞を直説法点過去または線過去の適切な形にしなさい．各文を和訳しなさい．
   1. Cuando yo （　　　　　[comer]）, Pilar me （　　　　　[llamar]）.
   2. Ayer me （　　　　　[limpiar]） los dientes y me （　　　　　[acostar]）.
   3. Ya （　　　　　[amanecer]） cuando yo me （　　　　　[levantar]）.
   4. Cuando nosotros （　　　　　[ser]） jóvenes, （　　　　　[viajar]） mucho en moto.
   5. Miguel me （　　　　　[decir]） que no （　　　　　[poder]） venir aquí.
   6. Cuando vosotros （　　　　　[llegar]） a la estación, ya （　　　　　[haber]） salido el tren.

2. （　　）に選択肢から適切な語を選んで入れなさい．各文を和訳しなさい．
   [cuando, cuya, cuyo, cuyas, cuyos, donde]
   1. Fue la única oportunidad （　　　　　） pude verlo.
   2. Hablé con un señor （　　　　　） hijas son gemelas.
   3. Cerca de mi casa hay una pastelería muy buena （　　　　　） dueño es francés.
   4. Esta es la universidad （　　　　　） estudiábamos juntos.

3. スペイン語に訳しなさい．
   1. 彼女は私にパーティーには行くことができないと言った．
   2. 彼女が到着したとき，コンサートはすでに始まっていた．
   3. 私（女性）は子どものころ，たくさんテレビを観ていたものだった．
   4. 私たちが図書館で勉強していたとき，アントニオがやって来た．
   5. これが私たちがよくサッカーした競技場（estadio）です．

Lección 13

 **Frases de ejemplo**

Quiero ir a los Juegos Olímpicos que se celebrarán en Brasil.

Ellos saldrán para Tailandia el próximo sábado.

Mañana será otro día.

"El pueblo unido jamás será vencido" es uno de los temas más famosos del movimiento Nueva Canción Latinoamericana.

"¡No pasarán!" es una consigna que nació durante la Guerra Civil Española.

—¿Cómo está Teresa?
—Está de viaje. Me dijo que volvería pronto.

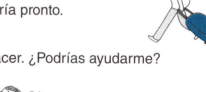

—Ay, tengo muchas cosas que hacer. ¿Podrías ayudarme?
—Por supuesto que sí.

Gramática

§1 動詞／直説法未来

1. 規則活用

［語根］動詞原形がそのまま語根になる：hablar → hablar +語尾／［語尾］-ar・-er・-ir 動詞すべて共通

【-ar 動詞】
hablar

hablar**é**	hablar**emos**
hablar**ás**	hablar**éis**
hablar**á**	hablar**án**

【-er 動詞】
comer

comer**é**	comer**emos**
comer**ás**	comer**éis**
comer**á**	comer**án**

【-ir 動詞】
vivir

vivir**é**	vivir**emos**
vivir**ás**	vivir**éis**
vivir**á**	vivir**án**

2. 不規則活用

［語根］動詞原形に手が加わる／［語尾］規則通り

（1）e → × 脱落型
poder ［poder］→ **podr-**

podr**é**	podr**emos**
podr**ás**	podr**éis**
podr**á**	podr**án**

haber → **habr-**
saber → **sabr-**

（2）e/i → d 置換型
tener ［tener］→ **tendr-**

tendr**é**	tendr**emos**
tendr**ás**	tendr**éis**
tendr**á**	tendr**án**

poner → **pondr-**
salir → **saldr-**
venir → **vendr-**

（3）ce/ec → × 脱落型
hacer ［ha~~ce~~r］→ **har-**

har**é**	har**emos**
har**ás**	har**éis**
har**á**	har**án**

decir ［de~~ci~~r］→ **dir-**

dir**é**	dir**emos**
dir**ás**	dir**éis**
dir**á**	dir**án**

3. 用法

（1）未来の行為・できごと　Irán de compras mañana.
（2）現在推量　Ahora serán las doce de la noche.
（3）命令・禁止　No fumarás aquí.

§2 直説法未来完了

haber の直説法未来

habré	habremos
habrás	habréis
habrá	habrán

＋ 過去分詞（性数変化なし）

（用法）

（1）未来のある時点までに完了している行為・できごと
　　Habrá terminado la tarea para la próxima semana.
（2）現在完了推量　Como salieron ayer, habrán llegado a España a estas horas.

§3 動詞／直説法過去未来

◇未来と過去未来の活用パターンは，規則・不規則含めまったく同じ．

1. 規則活用

【-ar 動詞】
hablar

hablaría	hablaríamos
hablarías	hablaríais
hablaría	hablarían

【-er 動詞】
comer

comería	comeríamos
comerías	comeríais
comería	comerían

【-ir 動詞】
vivir

viviría	viviríamos
vivirías	viviríais
viviría	vivirían

◇-ar・-er・-ir 動詞とも，1人称単数と3人称単数の活用が同じことに注意．

2. 不規則活用

（1）e → × 脱落型
poder [poder] → **podr-**

podría	podríamos
podrías	podríais
podría	podrían

haber → **habr-**
saber → **sabr-**

（2）e/i → d 置換型
tener [tener] → **tendr-**

tendría	tendríamos
tendrías	tendríais
tendría	tendrían

poner → **pondr-**
salir → **saldr-**
venir → **vendr-**

（3）ce/ec → × 脱落型
hacer [haecer] → **har-**

haría	haríamos
harías	haríais
haría	harían

decir [decir] → **dir-**

diría	diríamos
dirías	diríais
diría	dirían

3. 用法

（1）時制の一致による使用（直説法未来→直説法過去未来）

　　Me dijeron que **irían** de compras al día siguiente.

（2）過去の推量　Serían las doce de la noche cuando ellos llegaron a casa.

（3）婉曲表現　¿Podrías hacerme un favor?　Me gustaría preguntar una cosa.

§4 直説法過去未来完了

　　haber の直説法過去未来

habría	habríamos
habrías	habríais
habría	habrían

＋　過去分詞（性数変化なし）

（用法）

（1）時制の一致による使用（直説法未来完了→直説法過去未来完了）

　　Me dijo que **habría terminado** la tarea para la próxima semana.

（2）過去完了推量

　　Me imagino que ya habría salido el avión cuando él llegó al aeropuerto.

（3）条件文・現在の事実に反する仮定の帰結節に使用．（☞ 16 課 §5）

Ejercicios 13

1. (　　) の動詞を適切な直説法未来の形にしなさい．各文を和訳しなさい．
    1. José （　　　　　[comprar]） una bicicleta nueva mañana.
    2. Ahora （　　　　[ser]） las dos de la noche.
    3. La conferencia （　　　　[tener]） lugar el próximo jueves. ★ tener lugar
    4. María （　　　　[venir]） aquí la semana próxima.
    5. Vosotros （　　　　[salir]） para México pasado mañana.

2. (　　) の動詞を適切な直説法過去未来の形にしなさい．各文を和訳しなさい．
    1. José me dijo que （　　　　[comprar]） una bicicleta nueva al día siguiente.
    2. （　　　　[ser]） las dos de la noche cuando usted llegó al aeropuerto.
    3. Dijeron que la conferencia （　　　　[tener]） lugar el jueves 17 de diciembre.
    4. María me dijo que （　　　　[venir]） aquí la semana que viene.
    5. Me （　　　　[gustar]） pedirle a usted perdón.

3. スペイン語に訳しなさい．
    1. 私たちは来年結婚する予定です．
    2. 彼らは来月パーティーを開く（hacer una fiesta）つもりです．
    3. 君には本当のことは言わないよ．
    4. 彼は私に明日来るだろうと言った．
    5. （私は）君にひとつ頼みたいことがあるのですが．

Lección 14

Frases de ejemplo

—¿Qué te parece mi regalo? Espero que te guste.
—¡Gracias! Me gusta mucho.

—¿Aquí hay alguien que pueda hablar francés?
—No, no hay nadie desgraciadamente.

—Mañana tenemos un examen... .
—Quiero que tengáis mucha suerte.

No hay mal que dure cien años.

¡Feliz Navidad! Te deseo que lo pases muy bien con tu familia.

★ pasarlo bien

Gramática

§1 動詞／接続法現在／規則活用

【-ar 動詞】
hablar

hable	hablemos
hables	habléis
hable	hablen

【-er 動詞】
comer

coma	comamos
comas	comáis
coma	coman

【-ir 動詞】
vivir

viva	vivamos
vivas	viváis
viva	vivan

◇ -ar・-er・-ir 動詞とも，1人称単数と3人称単数の活用が同じことに注意．

STEP UP つづりと発音の関係上，つづりに一部変則が加わる動詞．
buscar: busque, busques, busque, busquemos, busquéis, busquen
llegar: llegue, llegues, llegue, lleguemos, lleguéis, lleguen
enviar: envíe, envíes, envíe, ...envíen
continuar: continúe, continúes, continúe, ...continúen
vencer: venza, venzas, venza, venzamos, venzáis, venzan
construir: construya, construyas, construya, construyamos, construyáis, construyan

§2 動詞／接続法現在／不規則活用

1. 語根母音変化

［語根］母音が不規則に変化（ただし，-ar・-er 動詞と -ir 動詞でパターンが異なる）／
［語尾］規則活用に同じ

（1）-ar・-er 動詞の場合

a) e → ie 型

【-ar 動詞】
pensar

piense	pensemos
pienses	penséis
piense	piensen

cerrar

【-er 動詞】
querer

quiera	queramos
quieras	queráis
quiera	quieran

entender perder

STEP UP つづりと発音の関係上，つづりにさらに一部変則が加わる動詞．
comenzar：comience, comiences, comience, comencemos, comencéis, comiencen

b) o → ue 型

【-ar 動詞】
contar

cuente	contemos
cuentes	contéis
cuente	cuenten

【-er 動詞】
poder

pueda	podamos
puedas	podáis
pueda	puedan

— 67 —

costar　encontrar　　soler　volver
　　　recordar

◇ u → ue 型（1 動詞のみ）
　　　jugar

juegue	juguemos
juegues	juguéis
juegue	jueguen

(2) ir 動詞の場合

a) e → ie/i 型　　　　b) o → ue/u 型　　　　c) e → i/i 型
　　sentir　　　　　　　　dormir　　　　　　　　pedir

sienta	sintamos
sientas	sintáis
sienta	sientan

duerma	durmamos
duermas	durmáis
duerma	duerman

pida	pidamos
pidas	pidáis
pida	pidan

mentir　preferir　　　morir　　　　　　　　repetir　servir

STEP UP　つづりと発音の関係上，つづりにさらに一部変則が加わる動詞.
reír: ría, rías, ría, riamos, riais, rían
seguir: siga, sigas, siga, sigamos, sigáis, sigan

2. 「直説法現在／1人称単数のみ不規則」（☞ 6 課 §1）に基づく（-er・-ir 動詞のみ）
[語根] さまざまに変化／[語尾] 規則活用に同じ

(1) -go → ～ g- 型　　　(2) -zco → ～ zc- 型　　　(3) その他
hacer [hag<s>o</s> → hag-]　conocer [conozc<s>o</s> → conozc-]　ver [ve<s>o</s> → ve-]

haga	hagamos
hagas	hagáis
haga	hagan

conozca	conozcamos
conozcas	conozcáis
conozca	conozcan

vea	veamos
veas	veáis
vea	vean

caer [caigo → caig-]　　　agradecer [agradezco → agradezc-]
oír [oigo → oig-]　　　　ofrecer [ofrezco → ofrezc-]
poner [pongo → pong-]　　traducir [traduzco → traduzc-]
salir [salgo → salg-]
traer [traigo → traig-]

◇「ミックス型」（☞ 7 課 §1）も同様
　tener [tengo → teng-]
　venir [vengo → veng-]
　decir [digo → dig-]

3. 完全不規則（6動詞）

dar

dé	demos
des	deis
dé	den

estar

esté	estemos
estés	estéis
esté	estén

haber

haya	hayamos
hayas	hayáis
haya	hayan

ir

vaya	vayamos
vayas	vayáis
vaya	vayan

saber

sepa	sepamos
sepas	sepáis
sepa	sepan

ser

sea	seamos
seas	seáis
sea	sean

§3　接続法の用法

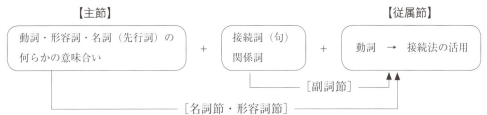

1．基本用法

（1）名詞節（従属節が接続詞（句）に導かれる名詞節である場合）

　　a）意思

［願望：desear, esperar, querer］Quiero que **vengas** aquí.

［要求・命令：pedir; mandar, ordenar］Él me pide que lo **ayude**.

［許可・禁止：permitir; prohibir］Te permito que **uses** mi coche.

［忠告・提案：aconsejar; proponer］Te aconsejo que no **bebas** tanto.

　　b）感情

［喜び：alegrarse de］Me alegro de que **estés** bien.

［恐れ：temer］Temo que él no lo **acepte**.

［哀しみ：sentir; una lástima］Siento que no **puedas** ir conmigo.

［楽しさ：agradable］Es muy agradable que me **saluden** todos.

　　c）否定・疑惑

［否定：no creer］No creo que ella **venga** a la fiesta.

［疑惑：dudar］Dudo que él **esté** enfermo.

　　d）判断

［重要性：importante］Es muy importante que lo **decidas** tú.

［必要性：necesario］Es necesario que usted **consulte** con el médico.

［可能性・蓋然性：poder; posible, probable］Puede que **llueva** esta noche.

［妥当性：mejor］Es mejor que **regresemos**.

（2）形容詞節（従属節が関係代名詞に導かれる形容詞節である場合）
［先行詞が不定］Necesitamos una persona que **hable** chino.
［先行詞が否定］Aquí no hay nadie que **pueda** manejar la computadora.

（3）副詞節（従属節が副詞節である場合，接続詞（句）の意味合いが従属節の動詞を接続法の活用にする）
［目的：para que］Te traigo un libro para que lo **leas**.
［条件：con tal de que］Te prestaré dinero con tal de que me lo **devuelvas**.
［否定：sin que］Voy a hacerlo sin que **sepa** nadie.
［譲歩：aunque, a pesar de que］Aunque **llueva**, jugaremos al fútbol.
［未来：cuando, hasta que］Cuando **vaya** al Perú, quiero visitar Machu Picchu.

2．独立用法
（1）願望文
　　¡Ojalá (Ojalá que) **haga** buen tiempo!　¡Que te **vaya** bien!
（2）疑惑文
　　Quizá (Quizás) no **venga**.　Tal vez **sea** la casualidad.

§4　接続法現在完了
haber の接続法現在

haya	hayamos
hayas	hayáis
haya	hayan

　＋　過去分詞（性数変化なし）

（用法）
直説法現在完了が接続法であるべき従属節に含まれる場合
Es una lástima que ella no **haya venido** a la fiesta.（← Ella no **ha venido** a la fiesta.）

Ejercicios 14

1. （　　）の動詞を適切な接続法現在の形にしなさい．各文を和訳しなさい．
    1. Espero que usted （　　　　　[venir]）pronto aquí.
    2. El jefe me manda que yo （　　　　[ir]）a Osaka.
    3. El médico prohíbe que tú （　　　　[fumar]）.
    4. Ellos me proponen que lo （　　　　[decir]）yo.
    5. No creo que nuestro equipo （　　　　[ganar]）esta noche.
    6. Es posible que mi familia （　　　　[estar]）fuera de casa.
    7. ¿Puedes abrir la ventana para que （　　　　[entrar]）el aire fresco?
    8. A pesar de que （　　　　[tener]）fiebre, él piensa salir de casa.
    9. No tengo paraguas. ¡Ojalá que no （　　　　[llover]）!
    10. **STEP UP** Es una lástima que vosotros no （　　　　[seguir]）aprendiendo español.

2. スペイン語に訳しなさい．
    1. 私は彼が病気だとは思わない．
    2. 近い将来大きな地震が起こる（ocurrir）ことを私たちは恐れている．
    3. 私はミゲルが試験に合格（salir bien en el examen）してとても嬉しい．
    4. 私たちはスペイン語と英語を話せる人物を探している．
    5. 君が私の家に来るときは，地下鉄に乗るほうがいい．

Lección 15

Frases de ejemplo

¡Mira! Allí está la Torre de Tokio Skytree.

—Carlos, lee la página diez.
—Sí, profesor.

Hable usted más despacio, por favor.

¡No fumen aquí!

Come más pescado y verduras. No comas mucha carne.

—¿Oiga?
—Sí, dígame.

¡Oye, Juan! Ven aquí pronto.

¡Ándale!

Gramática

§1 命令表現 ② ─ 肯定命令

1. 活用（命令法（☞ 4 課 §3）■接続法現在）

【-ar 動詞】
hablar

	hablemos
habla	hablad
hable	hablen

【-er 動詞】
comer

	comamos
come	comed
coma	coman

【-ir 動詞】
vivir

	vivamos
vive	vivid
viva	vivan

Habla (Hablad／Hable／Hablen) inglés.

◇1人称複数に対する命令は「vamos a +動詞原形」を用いることが多い（☞ 7 課 §2）.

Comamos aquí. → Vamos a comer aquí.

2. 不規則な肯定命令

（1）tú に対する不規則な肯定命令（命令法）

decir	hacer	ir	poner	salir	ser	tener	venir
di	haz	ve	pon	sal	sé	ten	ven

Di la verdad.　¡Sal de aquí!

◆ vosotros (-as) に対する肯定命令（命令法）はすべて規則的

Decid la verdad.　¡Salid de aquí!

（2）tú／vosotros 以外の主語に対する不規則な肯定命令

◇接続法現在で代用するので，接続法現在が不規則ならばその不規則活用

¿Oiga? ─ Sí, diga.　Tenga usted mucho cuidado.

§2 命令表現 ③ ─ 否定命令

◇すべて接続法現在を用いる．

【-ar 動詞】
hablar

	no hablemos
no hables	no habléis
no hable	no hablen

【-er 動詞】
comer

	no comamos
no comas	no comáis
no coma	no coman

【-ir 動詞】
vivir

	no vivamos
no vivas	no viváis
no viva	no vivan

No hables (habléis／hable／hablen) inglés.

No digas (digáis) la verdad.　¡No salgas (salgáis) de aquí!

§3 命令表現と目的格代名詞の位置

1. 肯定命令の場合

目的格代名詞は動詞の「後ろ」に「付けて」書かれる（絶対ルール／☞6課§3，10課§4）．

Habla inglés. → Háblalo.

Dime la verdad. → Dímela.

Di la verdad a Teresa. → Dile la verdad. → Dísela [Dísela].

◇再帰動詞（Te pones la corbata.）Ponte la corbata. → Póntela.

STEP UP　再帰動詞で1人称・2人称複数の場合，語尾が一部脱落する．
Levantémonos.（← Levantémosnos.）　Levantaos.（← Levantados.）

2. 否定命令の場合

目的格代名詞は動詞に前置される．

No hables inglés. → No lo hables.

No me digas la verdad. → No me la digas.

No digas la verdad a Teresa. → No le digas la verdad. → No se [le] la digas.

◇再帰動詞（No te pones la corbata.）No te pongas la corbata. → No te la pongas.

地域文化コラム ── スペイン語圏の映画を観よう ①

　皆さんが普段観る映画は邦画ですか．それとも，派手な「ハリウッド映画」ですか．せっかくスペイン語を学んでいるのですから，これをきっかけにスペイン語圏の映画も観てみましょう．スペイン語圏でも新しい作品が次々にリリースされていますが，まだ何も観たことがないならば，「基本」を押さえることから始めましょう．では，まずはスペインから．

　できれば映画史にその名を刻む巨匠ルイス・ブニュエル監督（Luis Buñuel, 1900-1983）から入りたいところですが，シュールなその作品群は少し荷が重すぎるかもしれません．入門のために，というよりも「これは欠かせない！」ものとして，ビクトル・エリセ監督（Víctor Erice, 1940-　）の『ミツバチのささやき』(*El espíritu de la colmena,* 1973)・『エル・スール』(*El sur,* 1983)をお薦めします．スペイン社会は国を二分して争ったスペイン内戦（1936-39）の「影」をどこかで引きずっています．「内戦もの」はスペイン映画のジャンルの定番で多くの監督がこれまでに取り組んできましたが，エリセ監督の作品は内戦の「影」を「描かずに描いている」点で秀逸です．描かずに描くとはどういうことなのか，それはぜひ自分の目で確かめてください．映像の美しさにも目を見張ることでしょう．

　ところで，『ミツバチのささやき』には当時天才子役と呼ばれたアナ・トレント（Ana Torrent, 1966-　）が出演していますが，彼女が tener の命令法 "ten" をとても印象深く使っている場面があります．tener（持つ）がいったいどんな命令として発せられているのか，それは観てのお楽しみです．

　ペドロ・アルモドバル監督（Pedro Almodóvar, 1949-　）の作品も外せません．テーマも色彩感覚も個性的な映画作りは好みの分かれるところかもしれませんが，スペインを代表する監督であることに間違いはありません．『神経衰弱ぎりぎりの女たち』(*Mujeres al borde de un ataque de nervios,* 1988)・『オール・アバウト・マイ・マザー』(*Todo sobre mi madre,* 1999)等の作品のなかには，自身も同性愛者であることを告白しているアルモドバル監督の，社会の周辺者に向けられた「やさしいまなざし」を見出すことができるでしょう．そのほか，気鋭のアレハンドロ・アメナーバル監督（Alejandro Amenábar, 1972-　）のサスペンス・タッチの『オープン・ユア・アイズ』(*Abre los ojos,* 1997)も見逃せません．

Ejercicios 15

1. 〈　〉の主語にしたがって，（　）の動詞（再帰動詞を含む）を肯定命令の形にしなさい．各文を和訳しなさい．
    1. ¡（　　　　[hablar]）en voz alta! 〈tú〉
    2. ¡（　　　　[comer]）mucho! 〈vosotros〉
    3. ¡（　　　　[tener]）cuidado! 〈tú〉
    4. （　　　　[decir]）la verdad. 〈usted〉
    5. （　　　　[ponerse]）la corbata. 〈tú〉
    6. **STEP UP** （　　　　[ponerse]）el abrigo. 〈nosotros〉

2. 〈　〉の主語にしたがって，（　）の動詞（再帰動詞を含む）を否定命令の形にしなさい．各文を和訳しなさい．
    1. ¡No（　　　　[hablar]）en voz alta! 〈tú〉
    2. ¡No（　　　　[comer]）mucho! 〈vosotros〉
    3. ¡No（　　　　[darse]）prisa! 〈tú〉　　★darse prisa
    4. No（　　　　[decir]）la verdad. 〈usted〉
    5. No（　　　　[ponerse]）la corbata. 〈tú〉

3. スペイン語に訳しなさい．
    1. （あなた）あの山をご覧なさい．
    2. （君）教室から出て行きなさい．
    3. （君たち）ここでたばこを吸わないで．
    4. （君）彼女にそれ（lo）をあげなさい．
    5. （君）だれにもそれ（lo）をあげるな．
    6. **STEP UP** （私たちは）早く休みましょう（acostarse）．

Lección 16

 **Frases de ejemplo**

Si yo tuviera tiempo, aprendería más idiomas extranjeros.

Si el pueblo japonés hubiera respetado más la Constitución, no se habría aprobado aquel proyecto de ley.

Bésame como si fuera esta noche la última vez. (*Bésame mucho*)

 **Gramática**

§1　動詞／接続法過去／規則活用

　　［語根］「直説法点過去／3人称複数」から -ron を取り除いた部分／
　　［語尾］-ar・-er・-ir 動詞すべて共通．-ra 型・-se 型の2系統あり（-ra 型を基本とする）．
　　　　　1人称複数では，語尾の直前の音節にアクセントが矯正される．

（1）-ra 型

hablar [habla~~ron~~] → habla-　　comer [comie~~ron~~] → comie-　　vivir [vivie~~ron~~] → vivie-

habl**ara**	habl**áramos**	com**iera**	com**iéramos**	viv**iera**	viv**iéramos**
habl**aras**	habl**arais**	com**ieras**	com**ierais**	viv**ieras**	viv**ierais**
habl**ara**	habl**aran**	com**iera**	com**ieran**	viv**iera**	viv**ieran**

（2）-se 型

hablar [habla~~ron~~ → habla-]　　comer [comie~~ron~~ → comie-]　　vivir [vivie~~ron~~ → vivie-]

habl**ase**	habl**ásemos**	com**iese**	com**iésemos**	viv**iese**	viv**iésemos**
habl**ases**	habl**aseis**	com**ieses**	com**ieseis**	viv**ieses**	viv**ieseis**
habl**ase**	habl**asen**	com**iese**	com**iesen**	viv**iese**	viv**iesen**

§2 動詞／接続法過去／「不規則的」活用

◇接続法過去は形式的にはすべて規則活用だが，依拠する直説法点過去の不規則活用が著しいため，多くの動詞が「不規則的」になる（☞11課§2）．

1.「語根母音変化（-ir 動詞のみ）」相当

［語根］母音が3人称のみ不規則に変化／［語尾］規則活用．

（1）e → i 型
pedir [pidieron] → pidie-

pidiera	pidiéramos
pidieras	pidierais
pidiera	pidieran

repetir [repitieron] → repitie-
reír [rieron] → rie-
seguir [siguieron] → siguie-
servir [sirvieron] → sirvie-

（2）o → u 型
dormir [durmieron] → durmie-

durmiera	durmiéramos
durmieras	durmierais
durmiera	durmieran

morir [murieron] → murie-

2.「語根・語尾不規則」相当

［語根］さまざまに変化／［語尾］規則活用．

（1）uv [ub] 型
tener [tuvieron] → tuvie-

tuviera	tuviéramos
tuvieras	tuvierais
tuviera	tuvieran

andar [anduvieron] → anduvie-
estar [estuvieron] → estuvie-
haber [hubieron] → hubie-

（2）u 型
poder [pudieron] → pudie-

pudiera	pudiéramos
pudieras	pudierais
pudiera	pudieran

poner [pusieron] → pusie-
saber [supieron] → supie-

（3）i 型
venir [vinieron] → vinie-

viniera	viniéramos
vinieras	vinierais
viniera	vinieran

hacer [hicieron] → hicie-
querer [quisieron] → quisie-

（4）j 型（点過去時の語尾は -ieron ではなく -eron）
decir [dijeron] → dije-

dijera	dijéramos
dijeras	dijerais
dijera	dijeran

traducir [tradujeron] → traduje-
traer [trajeron] → traje-

3. 「完全不規則（3動詞2パターンのみ）」相当

dar [dier~~on~~] → die-　　　ir/ser [fuer~~on~~] → fue-

diera	diéramos
dieras	dierais
diera	dieran

fuera	fuéramos
fueras	fuerais
fuera	fueran

§3　接続法過去の用法

(1) 時制の一致（接続法現在→接続法過去）

El jefe me <u>mandó</u> que yo **fuera** a Osaka.（← El jefe me <u>manda</u> que yo **vaya** a Osaka.）

(2) como si（英 *as if*）Hazlo <u>como si</u> esta **fuera** la última oportunidad.

(3) 婉曲（*cf.* 直説法過去未来☞13課 §3）　**Quisiera** tomar una semana de vacaciones.

(4) 条件文で使用（☞§5）

§4　接続法過去完了

haber の接続法過去

hubiera	hubiéramos
hubieras	hubierais
hubiera	hubieran

＋ 過去分詞（性数変化なし）

（用法）

(1) 時制の一致（接続法現在完了→接続法過去完了）

<u>Fue una lástima</u> que ella no **hubiera venido** a la fiesta.（☞14課 §4）

(2) 条件文で使用（☞§5）

§5　条件文

(1) 現在・未来についての現実的な仮定

【仮定節】　　　　　　　　　　【帰結節】

si ＋直説法現在　　　　　　　直説法現在 *or* 未来

Si no **llueve** mañana, **iremos** a la playa.

(2) 現在の事実に反する仮定（英 仮定法過去）

【仮定節】　　　　　　　　　　【帰結節】

si ＋接続法過去　　　　　　　直説法過去未来

Si **tuviéramos** tiempo, **viajaríamos** por toda América Latina.

(3) 過去の事実に反する仮定（英 仮定法過去完了）

【仮定節】　　　　　　　　　　【帰結節】

si ＋接続法過去完了　　　　　直説法過去未来完了

Si yo no **hubiera estudiado**, no **habría pasado** el examen.

Ejercicios 16

1. (　　) の動詞を適切な接続法過去の形にしなさい．各文を和訳しなさい．
    1. Él me pidió que yo (　　　　　[ayudar]) a María.
    2. El jefe me mandó que yo (　　　　　[ir]) a Osaka.
    3. Ellos me propusieron que lo (　　　　　[decir]) yo.
    4. No creí que nuestro equipo (　　　　　[ganar]) aquella noche.
    5. Me alegré de que tú (　　　　　[estar]) bien.

2. スペイン語に訳しなさい．
    1. もし明日雪が降れば，大学は休講だろう．
    2. もし僕が君ならば，それ (lo) をしないだろうに．
    3. もし私たちがもっと本を読んでいたら，私たちの大学生活はもっとすばらし (maravilloso) ものになっていただろう．
    4. あなたにひとつ質問をさせていただきたいのですが．
    5. あなたはこれが最後の機会のつもりで (como si) それ (lo) をしてください．

地域文化コラム ── スペイン語圏の映画を観よう ②

　スペインに続いては，ラテンアメリカの映画です．それこそ国の数が多いのでとても伝えきれるものではありませんが，テーマを絞ってご紹介します．

　ルイス・ブニュエル監督はスペイン人ですが（「スペイン語圏映画を観よう①」参照），1950年代にはメキシコで多くの映画を撮っています．スペイン時代のものよりわかりやすいので，「メキシコ時代のブニュエル」から入るのもひとつの手です．『忘れられた人々』(Los olvidados, 1950)・『スサーナ』(Susana, 1950) などがお薦めです．特に後者は，男性の普遍的？な愚かしさを余すところなく描いていて笑えます．

　20世紀後半，軍政下で人権弾圧が横行していた国の多かったラテンアメリカでは，「亡命」はじつに切実なテーマでした．アルゼンチンのフェルナンド・E・ソラナス監督 (Fernando E. Solanas, 1936-) の『タンゴ ガルデルの亡命』(Tango, el exilio de Gardel, 1985)・『スール～その先は愛』(Sur, 1988) は，そんな亡命の苦悩と祖国帰還の想いを余すところなく描いています．タイトルにある「ガルデル」は，かの有名なタンゴ歌手カルロス・ガルデル (Carlos Gardel, 1890-1935) にちなんでいます．

　広大なアメリカ大陸をゆく「旅」・「越境」も重要なテーマのひとつです．同じくソラナス監督による『ラテン・アメリカ 光と影の詩』(El viaje, 1992) は，「新大陸発見五百周年」の機会に作られた，ラテンアメリカのアイデンティティ探しを象徴するような少年の旅の物語です．ウォルター・サレス監督 (Walter Salles, 1956-) の『モーターサイクル・ダイアリーズ』(Diario de motocicleta, 2004) はアルゼンチンの若き医学生エルネストの南米放浪の旅を描きました．医学生は現実の歴史のなかで，キューバ革命 (1959) の闘志エルネスト・"チェ"・ゲバラになりました．ケン・ローチ監督 (Ken Loach, 1936-) はイギリス映画界の大御所ですが，彼の『ブレッド＆ローズ』(Bread and Roses, 2000) は，米国へ不法移民として渡ったメキシコ人労働者の群像を描いていて秀逸です．

　そのほか，革命後に専門省庁を作り国際フェスティバルを主催するなどして映画振興に取り組んできた，キューバの一連の作品の充実ぶりも見逃せません．

動詞活用表

*①＝現在分詞　②＝過去分詞　③＝命令法［tú に対する］
*接続法過去は -ra 形 /-se 形の活用を併記する（不規則動詞では -se 形は割愛する）。

1．規則動詞

	直説法					接続法	
	現在	点過去	線過去	未来	過去未来	現在	過去
【-ar 動詞】 hablar	hablo	hablé	hablaba	hablaré	hablaría	hable	hablara/-se
	hablas	hablaste	hablabas	hablarás	hablarías	hables	hablaras/-ses
	habla	habló	hablaba	hablará	hablaría	hable	hablara/-se
① hablando	hablamos	hablamos	hablábamos	hablaremos	hablaríamos	hablemos	habláramos/-semos
② hablado	habláis	hablasteis	hablabais	hablaréis	hablaríais	habléis	hablarais/-seis
③ habla	hablan	hablaron	hablaban	hablarán	hablarían	hablen	hablaran/-sen
【-er 動詞】 comer	como	comí	comía	comeré	comería	coma	comiera/-se
	comes	comiste	comías	comerás	comerías	comas	comieras/-ses
	come	comió	comía	comerá	comería	coma	comiera/-se
① comiendo	comemos	comimos	comíamos	comeremos	comeríamos	comamos	comiéramos/-semos
② comido	coméis	comisteis	comíais	comeréis	comeríais	comáis	comierais/-seis
③ come	comen	comieron	comían	comerán	comerían	coman	comieran/-sen
【-ir 動詞】 vivir	vivo	viví	vivía	viviré	viviría	viva	viviera/-se
	vives	viviste	vivías	vivirás	vivirías	vivas	vivieras/-ses
	vive	vivió	vivía	vivirá	viviría	viva	viviera/-se
① viviendo	vivimos	vivimos	vivíamos	viviremos	viviríamos	vivamos	viviéramos/-semos
② vivido	vivís	vivisteis	vivíais	viviréis	viviríais	viváis	vivierais/-seis
③ vive	viven	vivieron	vivían	vivirán	vivirían	vivan	vivieran/-sen

2．おもな不規則動詞

＊代表的な不規則動詞に限り、類似の動詞は「同タイプの動詞」に記載する。
＊準規則動詞（つづりと発音の関係上、つづりに一部変則が加わる規則動詞）はここでは割愛する。

	直説法					接続法		同タイプの動詞
	現在	点過去	線過去	未来	過去未来	現在	過去	
andar	ando	anduve	andaba	andaré	andaría	ande	anduviera	
	andas	anduviste	andabas	andarás	andarías	andes	anduvieras	
	anda	anduvo	andaba	andará	andaría	ande	anduviera	
① andando	andamos	anduvimos	andábamos	andaremos	andaríamos	andemos	anduviéramos	
② andado	andáis	anduvisteis	andabais	andaréis	andaríais	andéis	anduvierais	
③ anda	andan	anduvieron	andaban	andarán	andarían	anden	anduvieran	
caer	caigo	caí	caía	caeré	caería	caiga	cayera	
	caes	caíste	caías	caerás	caerías	caigas	cayeras	
	cae	cayó	caía	caerá	caería	caiga	cayera	
① cayendo	caemos	caímos	caíamos	caeremos	caeríamos	caigamos	cayéramos	
② caído	caéis	caísteis	caíais	caeréis	caeríais	caigáis	cayerais	
③ cae	caen	cayeron	caían	caerán	caerían	caigan	cayeran	
conducir	conduzco	conduje	conducía	conduciré	conduciría	conduzca	condujera	traducir
	conduces	condujiste	conducías	conducirás	conducirías	conduzcas	condujeras	
	conduce	condujo	conducía	conducirá	conduciría	conduzca	condujera	
① conduciendo	conducimos	condujimos	conducíamos	conduciremos	conduciríamos	conduzcamos	condujéramos	
② conducido	conducís	condujisteis	conducíais	conduciréis	conduciríais	conduzcáis	condujerais	
③ conduce	conducen	conujeron	conducían	conducirán	conducirían	conduzcan	condujeran	
conocer	conozco	conocí	conocía	conoceré	conocería	conozca	conociera	agradecer
	conoces	conociste	conocías	conocerás	conocerías	conozcas	conocieras	amanecer
	conoce	conoció	conocía	conocerá	conocería	conozca	conociera	atardecer
① conociendo	conocemos	conocimos	conocíamos	conoceremos	conoceríamos	conozcamos	conociéramos	ofrecer
② conocido	conocéis	conocisteis	conocíais	conoceréis	conoceríais	conozcáis	conocierais	parecer
③ conoce	conocen	conocieron	conocían	conocerán	conocerían	conozcan	conocieran	
contar	cuento	conté	contaba	contaré	contaría	cuente	contara	acostar
	cuentas	contaste	contabas	contarás	contarías	cuentes	contaras	costar
	cuenta	contó	contaba	contará	contaría	cuente	contara	encontrar
① contando	contamos	contamos	contábamos	contaremos	contaríamos	contemos	contáramos	recordar
② contado	contáis	contasteis	contabais	contaréis	contaríais	contéis	contarais	
③ cuenta	cuentan	contaron	contaban	contarán	contarían	cuenten	contaran	
dar	doy	di	daba	daré	daría	dé	diera	
	das	diste	dabas	darás	darías	des	dieras	
	da	dio	daba	dará	daría	dé	diera	
① dando	damos	dimos	dábamos	daremos	daríamos	demos	diéramos	
② dado	dais	disteis	dabais	daréis	daríais	deis	dierais	
③ da	dan	dieron	daban	darán	darían	den	dieran	
decir	digo	dije	decía	diré	diría	diga	dijera	
	dices	dijiste	decías	dirás	dirías	digas	dijeras	
	dice	dijo	decía	dirá	diría	diga	dijera	
① diciendo	decimos	dijimos	decíamos	diremos	diríamos	digamos	dijéramos	
② dicho	decís	dijisteis	decíais	diréis	diríais	digáis	dijerais	
③ di	dicen	dijeron	decían	dirán	dirían	digan	dijeran	

	直説法					接続法		同タイプの動詞
	現在	点過去	線過去	未来	過去未来	現在	過去	
dormir ① durmiendo ② dormido ③ duerme	duermo duermes duerme dormimos dormís duermen	dormí dormiste durmió dormimos dormisteis durmieron	dormía dormías dormía dormíamos dormíais dormían	dormiré dormirás dormirá dormiremos dormiréis dormirán	dormiría dormirías dormiría dormiríamos dormiríais dormirían	duerma duermas duerma durmamos durmáis duerman	durmiera durmieras durmiera durmiéramos durmierais durmieran	morir ② muerto
empezar ① empezando ② empezado ③ empieza	empiezo empiezas empieza empezamos empezáis empiezan	empecé empezaste empezó empezamos empezasteis empezaron	empezaba empezabas empezaba empezábamos empezabais empezaban	empezaré empezarás empezará empezaremos empezaréis empezarán	empezaría empezarías empezaría empezaríamos empezaríais empezarían	empiece empieces empiece empecemos empecéis empiecen	empezara empezaras empezara empezáramos empezarais empezaran	comenzar
entender ① entendiendo ② entendido ③ entiende	entiendo entiendes entiende entendemos entendéis entienden	entendí entendiste entendió entendimos entendisteis entendieron	entendía entendías entendía entendíamos entendíais entendían	entenderé entenderás entenderá entenderemos entenderéis entenderán	entendería entenderías entendería entenderíamos entenderíais entenderían	entienda entiendas entienda entendamos entendáis entiendan	entendiera entendieras entendiera entendiéramos entendierais entendieran	perder
estar ① estando ② estado ③ está	estoy estás está estamos estáis están	estuve estuviste estuvo estuvimos estuvisteis estuvieron	estaba estabas estaba estábamos estabais estaban	estaré estarás estará estaremos estaréis estarán	estaría estarías estaría estaríamos estaríais estarían	esté estés esté estemos estéis estén	estuviera estuvieras estuviera estuviéramos estuvierais estuvieran	
haber ① habiendo ② habido ③ he	he has ha [hay] hemos habéis han	hube hubiste hubo hubimos hubisteis hubieron	había habías había habíamos habíais habían	habré habrás habrá habremos habréis habrán	habría habrías habría habríamos habríais habrían	haya hayas haya hayamos hayáis hayan	hubiera hubieras hubiera hubiéramos hubierais hubieran	
hacer ① haciendo ② hecho ③ haz	hago haces hace hacemos hacéis hacen	hice hiciste hizo hicimos hicisteis hicieron	hacía hacías hacía hacíamos hacíais hacían	haré harás hará haremos haréis harán	haría harías haría haríamos haríais harían	haga hagas haga hagamos hagáis hagan	hiciera hicieras hiciera hiciéramos hicierais hicieran	
ir ① yendo ② ido ③ ve	voy vas va vamos vais van	fui fuiste fue fuimos fuisteis fueron	iba ibas iba íbamos ibais iban	iré irás irá iremos iréis irán	iría irías iría iríamos iríais irían	vaya vayas vaya vayamos vayáis vayan	fuera fueras fuera fuéramos fuerais fueran	
jugar ① jugando ② jugado ③ juega	juego juegas juega jugamos jugáis juegan	jugué jugaste jugó jugamos jugasteis jugaron	jugaba jugabas jugaba jugábamos jugabais jugaban	jugaré jugarás jugará jugaremos jugaréis jugarán	jugaría jugarías jugaría jugaríamos jugaríais jugarían	juegue juegues juegue juguemos juguéis jueguen	jugara jugaras jugara jugáramos jugarais jugaran	

	直説法					接続法		同タイプの動詞
	現在	点過去	線過去	未来	過去未来	現在	過去	
oír	oigo	oí	oía	oiré	oiría	oiga	oyera	
	oyes	oíste	oías	oirás	oirías	oigas	oyeras	
	oye	oyó	oía	oirá	oiría	oiga	oyera	
① oyendo	oímos	oímos	oíamos	oiremos	oiríamos	oigamos	oyéramos	
② oído	oís	oísteis	oíais	oiréis	oiríais	oigáis	oyerais	
③ oye	oyen	oyeron	oían	oirán	oirían	oigan	oyeran	
pedir	pido	pedí	pedía	pediré	pediría	pida	pidiera	repetir
	pides	pediste	pedías	pedirás	pedirías	pidas	pidieras	servir
	pide	pidió	pedía	pedirá	pediría	pida	pidiera	
① pidiendo	pedimos	pedimos	pedíamos	pediremos	pediríamos	pidamos	pidiéramos	
② pedido	pedís	pedisteis	pedíais	pediréis	pediríais	pidáis	pidierais	
③ pide	piden	pidieron	pedían	pedirán	pedirían	pidan	pidieran	
pensar	pienso	pensé	pensaba	pensaré	pensaría	piense	pensara	cerrar
	piensas	pensaste	pensabas	pensarás	pensarías	pienses	pensaras	sentar
	piensa	pensó	pensaba	pensará	pensaría	piense	pensara	
① pensando	pensamos	pensamos	pensábamos	pensaremos	pensaríamos	pensemos	pensáramos	
② pensado	pensáis	pensasteis	pensabais	pensaréis	pensaríais	penséis	pensarais	
③ piensa	piensan	pensaron	pensaban	pensarán	pensarían	piensen	pensaran	
poder	puedo	pude	podía	podré	podría	pueda	pudiera	
	puedes	pudiste	podías	podrás	podrías	puedas	pudieras	
	puede	pudo	podía	podrá	podría	pueda	pudiera	
① pudiendo	podemos	pudimos	podíamos	podremos	podríamos	podamos	pudiéramos	
② podido	podéis	pudisteis	podíais	podréis	podríais	podáis	pudierais	
③ puede	pueden	pudieron	podían	podrán	podrían	puedan	pudieran	
poner	pongo	puse	ponía	pondré	pondría	ponga	pusiera	proponer
	pones	pusiste	ponías	pondrás	pondrías	pongas	pusieras	③ propón
	pone	puso	ponía	pondrá	pondría	ponga	pusiera	
① poniendo	ponemos	pusimos	poníamos	pondremos	pondríamos	pongamos	pusiéramos	
② puesto	ponéis	pusisteis	poníais	pondréis	pondríais	pongáis	pusierais	
③ pon	ponen	pusieron	ponían	pondrán	pondrían	pongan	pusieran	
querer	quiero	quise	quería	querré	querría	quiera	quisiera	
	quieres	quisiste	querías	querrás	querrías	quieras	quisieras	
	quiere	quiso	quería	querrá	querría	quiera	quisiera	
① queriendo	queremos	quisimos	queríamos	querremos	querríamos	queramos	quisiéramos	
② querido	queréis	quisisteis	queríais	querréis	querríais	queráis	quisierais	
③ quiere	quieren	quisieron	querían	querrán	querrían	quieran	quisieran	
saber	sé	supe	sabía	sabré	sabría	sepa	supiera	
	sabes	supiste	sabías	sabrás	sabrías	sepas	supieras	
	sabe	supo	sabía	sabrá	sabría	sepa	supiera	
① sabiendo	sabemos	supimos	sabíamos	sabremos	sabríamos	sepamos	supiéramos	
② sabido	sabéis	supisteis	sabíais	sabréis	sabríais	sepáis	supierais	
③ sabe	saben	supieron	sabían	sabrán	sabrían	sepan	supieran	
salir	salgo	salí	salía	saldré	saldría	salga	saliera	valer
	sales	saliste	salías	saldrás	saldrías	salgas	salieras	③ vale
	sale	salió	salía	saldrá	saldría	salga	saliera	
① saliendo	salimos	salimos	salíamos	saldremos	saldríamos	salgamos	saliéramos	
② salido	salís	salisteis	salíais	saldréis	saldríais	salgáis	salierais	
③ sal	salen	salieron	salían	saldrán	saldrían	salgan	salieran	

	直説法					接続法		同タイプの動詞
	現在	点過去	線過去	未来	過去未来	現在	過去	
sentir	siento	sentí	sentía	sentiré	sentiría	sienta	sintiera	mentir
	sientes	sentiste	sentías	sentirás	sentirías	sientas	sintieras	preferir
	siente	sintió	sentía	sentirá	sentiría	sienta	sintiera	
① sintiendo	sentimos	sentimos	sentíamos	sentiremos	sentiríamos	sintamos	sintiéramos	
② sentido	sentís	sentisteis	sentíais	sentiréis	sentiríais	sintáis	sintierais	
③ siente	sienten	sintieron	sentían	sentirán	sentirían	sientan	sintieran	
ser	soy	fui	era	seré	sería	sea	fuera	
	eres	fuiste	eras	serás	serías	seas	fueras	
	es	fue	era	será	sería	sea	fuera	
① siendo	somos	fuimos	éramos	seremos	seríamos	seamos	fuéramos	
② sido	sois	fuisteis	erais	seréis	seríais	seais	fuerais	
③ sé	son	fueron	eran	serán	serían	sean	fueran	
tener	tengo	tuve	tenía	tendré	tendría	tenga	tuviera	
	tienes	tuviste	tenías	tendrás	tendrías	tengas	tuvieras	
	tiene	tuvo	tenía	tendrá	tendría	tenga	tuviera	
① teniendo	tenemos	tuvimos	teníamos	tendremos	tendríamos	tengamos	tuviéramos	
② tenido	tenéis	tuvisteis	teníais	tendréis	tendríais	tengáis	tuvierais	
③ ten	tienen	tuvieron	tenían	tendrán	tendrían	tengan	tuvieran	
traer	traigo	traje	traía	traeré	traería	traiga	trajera	
	traes	trajiste	traías	traerás	traerías	traigas	trajeras	
	trae	trajo	traía	traerá	traería	traiga	trajera	
① trayendo	traemos	trajimos	traíamos	traeremos	traeríamos	traigamos	trajéramos	
② traído	traéis	trajisteis	traíais	traeréis	traeríais	traigáis	trajerais	
③ trae	traen	trajeron	traían	traerán	traerían	traigan	trajeran	
venir	vengo	vine	venía	vendré	vendría	venga	viniera	
	vienes	viniste	venías	vendrás	vendrías	vengas	vinieras	
	viene	vino	venía	vendrá	vendría	venga	viniera	
① viniendo	venimos	vinimos	veníamos	vendremos	vendríamos	vengamos	viniéramos	
② venido	venís	vinisteis	veníais	vendréis	vendríais	vengáis	vinierais	
③ ven	vienen	vinieron	venían	vendrán	vendrían	vengan	vinieran	
ver	veo	vi	veía	veré	vería	vea	viera	prever
	ves	viste	veías	verás	verías	veas	vieras	③ prevé
	ve	vio	veía	verá	vería	vea	viera	
① viendo	vemos	vimos	veíamos	veremos	veríamos	veamos	viéramos	
② visto	veis	visteis	veíais	veréis	veríais	veáis	vierais	
③ ve	ven	vieron	veían	verán	verían	vean	vieran	
volver	vuelvo	volví	volvía	volveré	volvería	vuelva	volviera	
	vuelves	volviste	volvías	volverás	volverías	vuelvas	volvieras	
	vuelve	volvió	volvía	volverá	volvería	vuelva	volviera	
① volviendo	volvemos	volvimos	volvíamos	volveremos	volveríamos	volvamos	volviéramos	
② vuelto	volvéis	volvisteis	volvíais	volveréis	volveríais	volváis	volvierais	
③ vuelve	vuelven	volvieron	volvían	volverán	volverían	vuelvan	volvieran	

後藤　雄介（ごとう　ゆうすけ）
早稲田大学教育・総合科学学術院教授

ロヒコ！（テキスト＋CDセット）
── ロジカルに学ぶスペイン語 ──
¡LÓGICO!: curso básico de la lengua española

2016 年 2 月 1 日　初版発行　定価　本体 2,500 円（税別）
2020 年 3 月 1 日　再版発行

著　者 © 後　藤　雄　介
発行者　　近　藤　孝　夫
印刷所　　株式会社坂田一真堂

発行所　株式会社 同学社
〒 112-0005　東京都文京区水道 1-10-7
電話代表 (3816)7011・振替 00150-7-166920

ISBN978-4-8102-0431-5　　Printed in Japan
(有) 井上製本所

許可なく複製・転載すること並びに
部分的にもコピーすることを禁じます．

■ 同学社版・スペイン語文法書・練習帳・ワークブック ■

これが基本! スペイン語

Estos son los fundamentos del idioma español
西川 喬 著
A5判　二色刷　232頁　定価　本体　2,400円（税別）
◆ 入門・初級段階の学習者にも分かりやすい説明
◆ 単語や例文には仮名発音を付す◆ 日常会話にも使える実用的な例文◆ 巻末には文法補足、練習問題解答例、基本動詞の活用表、更に語彙集を充実

わかるスペイン語文法

西川 喬 著
A5判　342頁　定価　本体　3,500円（税別）
◆ 初級段階の学習者にも理解しやすい丁寧な説明
◆ 日本人学習者に理解しにくい「時制」・「叙法」・「冠詞」は、可能な限りの紙幅をとって分かりやすく解説◆ 学習者がぶつかる「素朴な質問」に手早く答えられるよう、目次／索引／品詞に工夫◆ 中級レベルの学習者にも役立つ日西文法用語対照表

CD付
本気で学ぶスペイン語
基本問題430
菅原 昭江 著　B5判　二色刷　258頁
定価　本体　3,000円（税別）
■全430問からなる本格的なスペイン語練習帳■それぞれの設問は、レベル1からレベル3までのいずれかのレベルに属し、学習者のレベルに合わせてチャレンジ可能

CD付
スペイン語ワークブック
小川 雅美 著　B5判　二色刷　298頁
定価　本体　2,800円（税別）
■ 文法事項を段階的に導入し、無理なくステップ・アップ■ 学習者の立場に立ち、わかりやすく丁寧な説明■ 別冊語彙集を使用し、辞書なしでも学習に集中■ 大きな本文文字と多くのイラストで、見やすく楽しい紙面構成

〒112-0005 東京都文京区水道1丁目10-7　同学社　TEL03(3816)7011　振替00150-7-166920